기독교 박해시대
-한국 선교의 방향-

전호진 지음

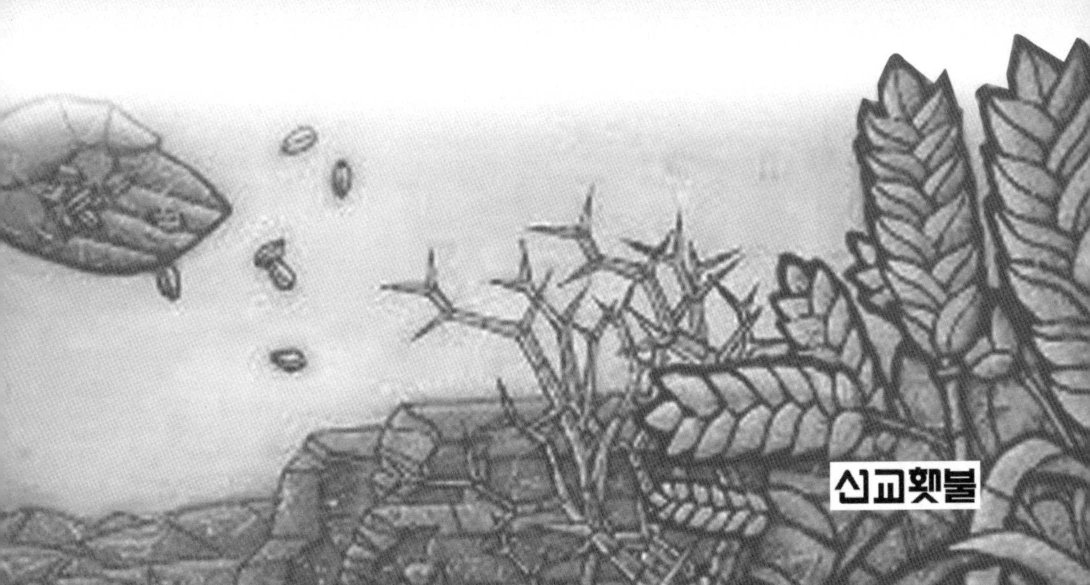

머리말

선교사 25,000명 이상을 파송한 한국교회는 아시아에서는 제일가는 선교대국으로 부상하였습니다. 전 세계 어느 나라에도 한국 선교사가 없는 나라는 없다고 하여도 과언이 아닙니다. 한국의 개신교 선교 역사는 다른 아시아 나라에 비하여 역사가 짧지만 기독교가 급성장 한 나라가 되어졌습니다. 수 년 전 영국의 이코노미스트(*The Economist*)지는 한국이 가난한 나라에서 불과 수 십 년 만에 경제대국이 된 이념적 요인으로 민주주의, 자본주의, 기독교라고 보도하였습니다. 전쟁 후 한국은 받는 나라에서 이제는 주는 나라가 되었습니다.

필자는 인도차이나에서 사역한지 벌써 11년이 넘었습니다. 캄보디아 장로교신학교 학장으로 만 6년, 미얀마개혁장로교 신학교 학장으로 4년간 봉사하고 지금 태국 치앙마이에서 현지 교회 사역자와 신학교에서 가르치는 일을 하고 있습니다. 또한 일본에서 출생한 자로 동남아 가기 전 2년 동안 일본에서 일본 복음선교회 이사장으로 선교사들을 격려하면서 일본 종교와 문화를 연구하였습니다. 그러나 선교지에서 한국교회 선교의 자랑스러운 모습과 동시에 아쉬움을 함께 경험하고 있습니다. 우리 선교사들도 한국 선교 이대로는 안 된다고 이구동성으로 염려하고 있습니다. 선교지 상황은 돈 선교와 프로젝트 위주의 선교 시대는 지나 갔습니다. 어느 나라는 신학교 건물을 세워 준 목사님에게 그 나라 출입을 금지시켰습니다. 돈 주고 뺨 맞는 시대가 되고 말았습니다. 자기들의 교회를 부흥시키는데 전념하기 보다는 외국 교회 지원을 기다리는 교회와 사역자들이 있습니다.

본서를 쓰게 된 동기는 물질을 주면서 선교하는 시대는 속히 종지부를 찌고 초기 한국 선교로 돌아가자는 것입니다. 초기 한국 선교는 성경 강조와 자립으로 부흥한, 아시아에서는 모델교회였습니다.

본서 내용을 간단히 소개하면, 제1장은 "기독교는 서양 종교가 아니다."라는 주제의 변증론입니다. 지금 기독교는 아시아에서 심각한 정체성의 위기에 직면하고 있습니다. 현지교회와 선교사들은 "왜 서양 종교인 기독교냐?"라는 심각한 도전과 박해, 추방을 당하고 있습니다. 아시아의 사회, 종교, 문화, 정치는 총체적으로 기독교에 적대적입니다. 서양 식민지는 선교 여러 장애요소의 하나이지 결코 전체는 아닙니다. 식민지를 경험하지 않은 일본과 태국은 기독교 인구가 1%도 안 됩니다.

제2장은 기독교는 아시아 종교로, 13세기까지 아시아인들이 아시아에 복음을 전파하였습니다. 초대 기독교 시대 시리아의 에뎃사는 선교기지로서 선교사를 페르시아, 인도에 까지 파송하였고, 5세기 네스토리안 기독교는 중앙아시아, 중국, 동남아에 선교를 하여 선교의 흔적을 남겼으나 교회는 다 사라지고 말았습니다. 초대 교회도 기독교는 외국종교로 취급되었습니다. 인도의 도마교회는 그 누구도 성경적 기독교로 보지 않습니다. 결론으로 기독교가 왜 아시아에서는 스폰지로 닦은 것처럼 사라졌는지, 그 이유를 설명하였습니다.

제3장은 현대 선교이론가들은 종교개혁은 선교가 없다고 종교개혁의 유산을 평가절하 하는 경향이 있습니다. 종교개혁의 후손들인 청교도들과 루터교회는 열정적으로 선교를 하였다는 것을 역사적으로 간단하

게 서술하였습니다. 칼빈의 브라질 선교는 잘 알려진 역사입니다. 아울러 모라비안 형제단의 자립과 평신도 위주의 선교를 현재적 관점에서 조명하였습니다. 모라비안 교회는 루터나 칼빈의 후예가 아니라 루터보다 100년 전에 순교한 존 후스의 교회라는 데에 놀라움을 금치 못하였습니다.

제4장은 19세기 부흥운동의 결과로 일어난 선교운동을 고찰하고, 선교가 비서구 세계의 문명화, 근대화에 끼친 영향을 소개하였습니다. 그러나 초교파 선교회의 신학적 통전성의 문제가 선교지에서 일어나고 있음을 언급하였습니다. 하지만 19세기 선교로 세워진 아시아 교회는 소수지만 이방의 빛으로 역할을 무시할 수 없습니다.

제5장은 19세기에 후반에 등장한 헨릴 벤과 루푸스 엔더슨의 자립 선교 운동을 연구하였습니다. 한국교회는 네비우스를 통하여 성경공부와 자립원리로 성공한 교회의 모델입니다. 19세기 아시아에서 자립교회로 성공한 교회는 한국 교회 외에 미얀마의 카렌족 교회가 있습니다. 두 교회는 복음의 수용성이 높은 종족과 나라였습니다.

제6장은 아시아 교회의 상황을 개괄적으로 정리하고 문제점을 나열하였습니다. 교회는 아주 다양합니다. 교리, 제도, 예식, 신학 등에서 복음주의 전통을 계승한 교회가 있는 반면, 19세기 초교파 선교회 선교의 부정적인 것이 드러나고 있습니다. 신앙고백, 교회 예식, 교리, 제도에서 전통적 교회관을 벗어난 독립 교회가 많으며, 지도자 아닌 '보스'를 중심으로 소그룹 교회가 많습니다. 일부 아시아 국가에서 부흥운동이 일어나고 있지만 침체가 너무 오래가고 있습니다. 영적 갱신이 절실합니다.

제7장은 아시아에서 일어나는 박해와 선교사 추방은 종말적 상황이라고 전제하고, 박해의 원인과 박해 주체세력들을 설명하고, 지금까지 한국교회 신학이 크게 관심두지 않았든 박해신학을 간단하게 소개하였습니다.

제8장은 외부자이면서 동시에 내부자의 관점에서, 한국교회와 선교사들을 대상으로 바람직한 선교 방향과 전략을 제안합니다. 위에 언급한 아시아 교회의 상황에서 적절히 대처하는 선교가 되어야 할 것입니다. 아시아 교회는 신학, 목회, 선교전략에서 성경으로 돌아가야 할 때가 되었습니다. 선교의 일방통행 시대는 지나갔습니다. 세계 교화와 연대가 약한 한국교회는 선교지 교회와 파트너십이 전무합니다. 한국 선교의 현존(presence)이 하나님께는 영광이 되고 선교지에서 환영받는 동반자(partner)선교로 거듭나야 할 것입니다. 초기 한국 선교가 모델이라고 자부하면서 초기 한국 선교로 돌아갈 것을 호소합니다.

끝으로 본서는 논문 형식의 학문적 책이 아니어서 불필요한 후주는 많이 생략하였습니다. 추천사를 써 주신 한국세계선교협의회 사무총장 조용중 박사님께 깊은 감사를 드립니다. 저는 한국세계선교협의회 첫 총무로 봉사한 것을 큰 영광으로 생각합니다. 아울러 본서 출판을 해 주신 선교횃불 김수곤 사장님께 감사를 드립니다.

2018년 11월 2일

전 호 진

추천사

한국교회 선교 발전을 위해 헌신하신 몇 분 가운데 빠질 수 없는 분이 있으시다면 전호진 박사님이시다. 선교학자로서 교육가로서 한국에서 후학을 지도하시다, 은퇴 후 인도차이나 현장으로 나가신 것이 이젠 11년을 넘기셨다. 현장에서 신학 교육자로 섬기시며 전반적인 상황을 더욱 깊이 이해하시고 내어놓으신 작품이 이 책이다.

전 박사님은 교회의 역사를 연구하고 기독교가 서양 종교가 아니라 아시아 종교라는 주장으로 시작하여 현장의 선교사들이 이구동성으로 이야기 하는 한국 선교 방법론의 변화에 이르기 까지 다양한 현대 선교 이슈에 대한 대책을 여기에 제시하였다.

오늘날 170여 개국에서 일하고 있는 27,500 명 이상의 한국 선교사들이 바른 선교를 하기 위해서는 역사를 더 잘 알아야하고 돈과 프로젝트성의 선교가 아닌 사람을 세우는데 집중해서 투자해야한다는 제안은 우리가 깊이 새겨들어야 하는 말이다.

저자는 선교지의 시급한 이슈 가운데 가장 먼저 재산 문제를 지적하고 있다. 한국교회가 서구 선교단체로부터 학교, 병원, 복지기관 등 재산을 이양 받으면서 많은 분쟁을 했던 것을 지적하며 앞으로 선교 현지에서 일어날 분쟁의 가능성에 대한 경고를 하고 있다. 이는 선교지에 과시적으로 교회당과 선교센터를 세우는 것이 선교를 잘하는 것이라는 오해에서 사람을 세우고 자립하는 교회로 세워가는 것으로 방향 전환을 해야 할 것을 다시 한번 강조하고 있다. 또한 저자는 한국 선교사들이 독립 교회를 세워 현지 교회의 연합을 저해한다고 지적하고 있다. 이는 한국 선교사들이 현지의 지도력을 존중하고 함께 협력하여 하나의 그리스도의 교회를 세우기 위해 노력해야할 것을 권장하고 있다. 이는 글로벌 선교 경향과도 함께 하는 것이며, 한국교회의 과도한 교단, 교파 중심의 선교를 돌아보아야할 것을 상기시켜주고 있다.

저자가 바람직한 선교의 전략으로 제안하고 있는 자비, 자치, 자력전파의 교회 설립은 초기 한국교회를 그 모델로 삼고 있다. 이는 어느 선교지에서도 가장 기본 원칙으로 삼아야할 중요한 전략적 방향이다. 또한 현대 선교의 경향으로 학교 설립, 평신도 선교, 실버 선교, 비즈니스 선교 등의 케이스를 통하여 다양한 방법의 장단점을 소개하는 것 역시 선교의 현장과 경험이 없이는 나올 수 없는 귀한 가르침이다.

한국 선교사들과 교회는 쉽게 할 수 있는 선교가 아니라 바른 선교를 해야 할 것에 대해서 다시 한번 저자의 진심어린 충고를 들어야 할 것이다. "선교의 원리, 목적, 이념이 분명해야 한다."라는 지적과 "선교는 선교사를 위한 것도 한국교회를 위한 것도 아닌 선교지 교회를 위한 것이다."라는 저자의 목소리에 귀를 기우려야 할 것이다. 이 책을 더 많은 사람들이 읽고 선교사의 기도제목으로 "하루속히 이곳에 선교사가 필요 없는 날이 오게 하소서!"라고 작아지는 자신을 기뻐하는 선교사들이 많아지기를 바란다.

한국세계선교협의회 사무총장 조용중

차 례

제1장

기독교는 서양 종교가 아니다

서론적으로 기독교는 아시아에서 탄생된 아시아 종교임에도 불구하고 서양 종교로 오해되어 아시아인들의 영혼을 사로잡는데(heart-hold)는 실패하고 있다. 아시아에서 기독교 인구는 5%에서 7%로 본다면, 교두보만을 확보하는데 그쳤다고 할 수 있다. 많은 사람들은 노골적으로 기독교는 서양 종교라고 말한다. 서양에서는 기독교가 서양 문명의 기초가 되어 기독교를 폄하하는 말을 듣지 못하는데, 아시아에서는 기독교가 엄청난 서러움을 당한다.

기독교는 아시아에서 심각한 정체성 위기(identity crisis)에 직면하고 있다. 교회 개척을 하면 왜 "우리 지역에 기독교회냐고" 항의를 당하는 일이 많다. 불신 지식인들은 노골적으로 왜 불교 나라에 기독교냐고 질문한다. 아시아에서는 기득권 세력들이 부패한 자기 종교에 비판적이기보다는 도리어 보호자 노릇을 한다. 기독교인들은 주민등록증 종교란에 표기된 "기독교" 때문에 차별 대우를 당한다.

일본 복음주의 신학자 오오끼 히데오는 아시아 기독교는 심각한 정체성 위기에 직면하고 있다고 주장하였다. 히데오는 기독교 선교 역사를 환지중해 지역의 시대, 환대서양 지역의 시대, 환태평양 지역의 시대로 구분하고, 환태평양 시대가 마지막이면서도 중요한 시대라고 하였다. 그의 말을 인용하면 다음과 같다.

> 과거 환대서양 지역의 시대에 기독교 선교는 다양한 문화와 종교와 조우하였지만 아주 무서운 적대 세력을 만나지 않았다. 그러나 지금 미국 주도의 환태평양 시대의 프로테스탄트 선교는 어떤 점에서는 패배, 혹은 고전하고 있다. 환태평양 시대 기독교 선교는 과거 어느 때에도 경험하지 못한 아주 극단적인 질문의 도전을 받고 있다: "무슨 이유로 프로테스탄 기독교가 여기 있느냐고." 환태평양 지역에서 프로테스탄트 기독교의 존재 이유에 대한 질문이다.[1]

수 년 전 한 서양 선교사 교수가 태국 치앙마이 파얍대학교(북장로교 선교부가 세운 기독교 대학) 학생들을 대상으로 태국에서 기독교 선교의 가장 큰 장애는 무엇이냐는 설문조사를 하였다. 응답자 2/3이상이 기독교는 서양 종교이기 때문에 선교가 안 된다고 답하였다. 이 말은 아시아에서 기독교가 거부당하는 단골 메뉴에 속한다. 한 태국의 목사도 플러신학교 선교대학원 박사 학위 논문 주제가 기독교는 서양 종교로 오해되어 기독교가 태국에서는 어렵다는 논지였다. 이러한 비평적 말에는 긍정과 부정, 양면성이 작용한다. 긍정적으로 이해해야 할 것은 기독교가 서양 식민지와 함께 왔기 때문이라는 점에서 이해할 수도 있다. 그러나 여기에는 다른 뉘앙스도 포함된다. 한 태국 대학생은 필자에게 기독교는 외국 교회로부터 경제지원을 받는데도 원인이 있다고 하였다. 돈 선교가 기독교를 서양 종교(혹은 외세종교)로 만드는 중요한 요인으로 작용한다.

그러나 서구 식민지가 선교의 가장 중요한 장애가 된다는 주장은 모순도 있다. 태국인들은 자기 나라가 서양 식민지를 당하지 않았다고 자부심이 강하다. 아시아에서 서양식민지를 당하지 않은 나라는 일본과 태국이다. 그런데 이상하게도 서양 식민지를 당하지 않은 두 나라의 기독교 인구는 1%미만으로, "기독교 소국"이다. 식민지 이론이 결코 정답이 아니다. 그러나 기독교를 신학적으로, 혹은 이론적으로, 서양 종교로 만든 것은 서구 신학과 서구 사상에 책임이 있다. 그 이유는?

1. 기독교는 아시아 종교이다

우리는 기독교는 서양 종교가 아니라, 아시아 종교임을 변증하고자 한다. 지리적으로 기독교는 아시아, 엄밀히 말하면 지금도 분쟁 지역인 팔레스타인과 예루살렘이 기독교 탄생지이다. 7세기 아라비아에서 등장한 이슬람교가 중동의 기독교 국가를 정복하기 이전에 이스라엘을 위시한 모든 중동 국가들이 기독교의 본거지였다. 적어도 4세기 초 까지만 하여도 기독교의 무대는 주로 중동과 북아프리카였다. 중동 국가 중 시리아는 초기 기독 교회사에서 중요한 비중을 차지한다.

초대 교부 상당수의 출신 지역은 유럽이 아니라 북 아프리카, 아시아이다. 클레멘트, 오리겐, 아다나시우스, 키릴은 헬라어로, 키프리안, 터툴리안, 어거스틴은 라틴어로 썼지만, 이들은 북 아프리카인들이다. 순교자 저스틴은 유명한 변증가이다. 그의 변증서는 서양 신학에도 중요한 영향을 주었다. 그는 서양 사람이 아니라 사마리아 근처의 세켐 출신이다. 그럼에도 불구하고 서양 교회사는 이들을 마치 서구 신학자인 것처럼 말하였다. 사무엘 마펫 박사도 "아시아는 어거스틴, 터툴리안 같은 위대한 신학자를 낳지 못하여 신학적으로 서구보다 뒤 떨어진다. 이 두 신학자는 서구의 변증가(the apologists of the West)라고 하였다."2) 그러나 이미 언급한대로 이 두신학자의 출생지는 서양이 아니라 지금의 알제리의 카르타고 출신이다. 여기에 대하여 미국의 한 흑인 신학자도 서양 교회사가들이 이들을 서양 신학자로 만든것에 대하여 불만을 토로하였다.

인종적으로 말하면 기독교는 셈족 종교이다. 창세기에 나오는 셈의 후손이다. 일찍이 한 힌두교 학자는 종교를 아리안(Aryan) 종교와 셈족 종교로 분류하였다. 힌두교 불교, 자이나교는 아리아인의 종교로, 유대교, 기독교, 이슬람교는 셈족 종교로, 인도의 상류층 사람들은 서양을 욕하면서도 스스로를 서양에 속한다고 자부한다. 아리아인종 우수성을 노골적으로 말한 자는 히틀러이다. 히틀러는 『나의 투쟁』(Mein Kampf)에서 아리안 인종의 우수성을 역설하고, 유대인은 죽여 할 열등인종이라고 비하하면서 유대인 학살을 자행하였다. 2017년 종교개혁 500주년을 계기로 루터의 반유대주의 사상이 홀로코스트 이념을 제공하였다는 논문들이 발표되었다.

필자는 힌두교 불교가 서양 종교라고 역공하고 싶다. 인도의 종교 연구가 라나짓 팔은 저서 『불교 메소포티미아 기원설』이라는 책에서 불교가 메소포타미아에서 시작되었다는 이론을 제기하였다. 그가 주장하는 핵심 사상은 메소파타미안(현재의 이란)의 아리안 문명이 모든 문명의 출발점이라는 것이다. 심지어 성경에 나오는 바벨탑이나 기독교의 출생지도 메소포타미아라는 황당한 주장을 한다. 라나짓 팔은 기독교도 아리아 종교인 불교에서 나왔으며, 알렉산더 대왕도 불교의 보호자요 전파자 노릇을 하였다는 것이다. 이 주장은 불교를 높이는 것이 아니라 불교가 우수한 아리안 문명의 산물이라는 것을 역설하는 것이다. 이 책은 일본에서 번역되어 이 이론에 동조하는 학파가 형성되었다.[3] 필자는 수년 전 인도 칼카타에 가서 그를 직접 만나 장시간 인터뷰하였는데, 솔직히 기분이 편치 않았다. 그는 은근이 아리안 인종은 서양인이라는 것을 암시하였다. 석가모니도 아리아아인이고, 이 이론을 주장한 팔 역시 아리안이다. 이점에서 인종혈통으로 보면 불교는 서양에 속한다. 최근 일부 종교 학자들은 헬라문화와 인도 철학 간의 공통점을 진지하게 연구하고 있다. 사도 바울이 아덴의 아레오바고 시장에서 육체의 부활을 설교하자 어떤 헬라 사람들은 조롱하였다(행 17:32). 우리 성경에 조롱은 영어로는 'sneer', 코웃음 쳤다는 의미이다. 헬라 철학과 인도 철학은 물질은 악하고 영은 선하다는 이원론 사상 때문에 육체의 부활은 바람직하지 않다. 힌두교나 불교는 육체의 부활은 구원의 길로 가는 관문이 아니라 환생(rebirth)에 불과하다. 소승 불교의 동남아 국가에서 사람 죽는 것을 크게 슬퍼하지 않는다. 과거 알렉산더의 고향인 마게도냐에서는 사람이 죽으면 기뻐하고 태어나면 슬퍼하였다는 풍속과 너무나 유사하다. 아덴에 우상이 많은 것이나 인도에 3억 우상이 있는 것도 아주 유사하다.

  20세기 초기 미국 목회자인 르무엘 콜 반즈는 "윌리암 케리 이전의 2천년 동안의 선교"에서 아주 흥미로운 말을 하였다. 그의 말을 인용하면 다음과 같다.

우리는 유럽 밖의 사람들 중에 인도 사람들에 대하여 더 친근한 관심을 가진다. 이유는 그들의 혈통이 우리와 거의 가깝기 때문이다. 그들의 모국어인 산스크리트 어는 의심할 여지없이 우리가 속한 인종인 아리안 뿌리인 인도 - 유럽 어이다. 그들은 비기독교 인중에서는 희랍과 로마를 제외하고는 가장 발전하고도 우수한 지식을 가지고 있다. 어떤 점에서 인도인들의 영적 발전은 과거와 현재, 기독교인이든 비기독교인든 상관없이 어떤 사람들보다 우수하다. 그러나 그들의 사회는 계급주의이고 대중들은 천박하고도 잡다한 다신론에 사로잡혀있다.4)

반즈 목사는 인도인은 우수한 아리안 인종으로 높이 평가하면 서도 인도 종교로 인한 계급주의를 부정적으로 보았고, 비 아리안인들이 기독교를 잘 받아들인다고 언급하였다.

2. 아시아인에 의한 아시아 선교

초기 8세기까지 기독교는 아시아인이 아시아로 선교하였다. 예수님의 제자 도마가 인도에 가선 교회를 설립하였고, 도마 이후에 시리아 교회는 인도, 페르시아, 중국, 중앙아시아까지 복음을 전하였다. 5세기 이후는 네스토리안이 아시아 전역에 걸쳐 선교하였다. 7세기 중국 당나라에는 네스토리안 기독교(이후 네스토리안으로 표현함)가 아주 왕성하여, 네스토리안이 경교로 번역되어 중국에 널리 알려졌다. 그러나 성직자들은 다 시리아인들이었고, 시리아로 예배를 드려 중국인들은 네스토리안을 외국 종교로 취급하였다고 한다. 이 주제는 제2장에서 자세하게 다루고자 한다.

3. 기독교를 서양 종교로 만든 이념과 신학

첫째, 공산주의와 좌익 이데올로기는 체질상 반자본주의, 반서구, 반미, 반기독교로서, 기독교와 서구를 동일시한다. 공산주의는 이념적으로 종교를 민중의 아편으로 보기 때문에 기독교를 거부하는 것은 불가피할 것이다. 20세기 초기 아시아에서 기독교 선교는 공산주의로부터 저항을 받았다. 동남아에 공산주의가 전파되기 시작한 것은 1920년대이다. 버마의 독립운동가 아웅산(아웅산 수지 아버지)도 랑군대학(현, 양곤대학) 학생 때 버마공산당(Communist Party of Burma) 당원으로 독립운동을 하였다. 버마에 공산당을 처음 도입한 사람은 대 지주의 아들 초소우(Kyaw Soe Oo)였다. 그는 1927년 변호사가 되기 위하여 영국 유학 중 공산주의에 심취하여 공산주의 서적을 대량, 양곤으로 가져와서 마르크스 도서관을 만들 정도였다. 이때 싱가포르 중국 등 동남아에 공산주의 이념이 지식인, 대학생 사이에 확산되기 시작하였다. 동남아가 1960년대와 70년대 공산화가 된 것은 하루아침에 된 것이 아니라 오랜 역사를 통하여 서서히, 은밀하게 확산된 것이다.5) 후일 이들은 반일본팟쇼연맹(Anti-Fascist People Freedom League)을 결성한다. 아이러니하게도 이들은 2차대전 때는 일본 팟쇼주의를 대항하기 위하여 도리어 연합군과 협력한다.

기독교를 서구 자본주의의 앞잡이로 본 대표적인 나라는 공산 국가 중국일 것이다. 지금 베트남이 미국과 가까우면서도 기독교 선교사를 서양 혹은 미국의 간첩으로 의심한다. 중국과 많은 아시아 국가들이 공산화되면서 아시아 청년들과 지식인들에게 반기독교 정서가 뿌리를 내리고 말았다.

둘째, 이슬람 종교의 확산과 반기독교 정서이다. 최근 무슬림 인구 증가와 이슬람 테러는 도리어 기독교가 비난의 대상이 되고 있다. 이유는 무슬림들은 반기독교, 반 서구 감정의 원인을 항상 십자군 전쟁에 돌린다. 기독교적 서양이 침략자였고 살인자라고 정죄한다. 십자군 전쟁은 중세 가톨릭이 자행한 일임에도 불구하고 무슬림들은 가톨릭과 개신교를 분리하지 않고 하나로 취급한다. 무슬림들은 마호메드 사후 칼리프(Caliph)들이 기독교 국가였던 팔레스타인, 시리아 외의 많은 기독교 국가들을 정복한 것은 언급하지 않는다. 1차대전 이후 오스만 투르크(Ottoman Turk)가 몰락하면서 투르크가 정복한 아랍 국가들 일부를 영국과 프랑스가 위임 통치한 것을 두고 서구가 아랍 국가들을 오랜 기간 식민지화한 것으로 맹비난한다. 그들은 투르크가 무려 4백년 이상 중동을 통치하고, 동 유럽 일부 나라를 정복, 이슬람화한 역사에 대하여는 자책하지 않는다.

셋째, 서구의 계몽주의 철학자들과 사상가들이 기독교를 서양 종교로 만들었다. 계몽주의 사상가들은 동양 문화와 종교를 높이 평가하면서도 기독교의 절대성을 서서히 부정하는 방향으로 나아갔다. 스피노자(Spinoza)는 선교사들의 보고서를 통하여 유교를 접하고, 유교가 서구에 선교사를 보내야 한다고 주장하였으며, 레싱의 금반지 비유는 기독교의 절대성을 부정하는 예화로 인용된다. 내용은, 어느 임금에게 아들 셋이 있었는데, 임금에게 진짜 금반지는 하나밖에 없었다. 그래서 두 개의 가짜 금반지를 만들어 아들에게 하나씩 주면서 진짜라고 속였다. 아들들은 자기 금반지를 진짜라고 생각하고 귀중이 여겼다. 그는 종교도 이와 같은 식으로, 모든 사람들은 자기 종교만이 절대라고 믿는 것에 불과하다는 것이다. 19세기 독일 종교사학파 신학자들은 기독교가 다른 종교보다 우월한 것은 우수한 서양 문명에서 발전하였기 때문이라고 주장하였다. 이들은 헤겔의 철학에 근거하여 서양문명의 우월성을 높이 평가하였다.

넷째, 아시아에서 등장한 민족주의 운동은 기독교를 서양 종교로 만들었다. 미국 월슨 대통령의 민족 자결주의는 아시아에 민족주의 운동을 부채질을 하였다. 아시아 나라들은 근대적 의미에서 민족주의를 발전시키지 못하였다. 민족주의 이데올로기는 서구에서 발전한 것으로, 아시아에서 민족주의를 처음으로 도입한 나라는 일본이다. 민족주의란 자기 국가의 독립과 자주성과 존엄성을 지키고자 하는 정신이다. 그러나 20세기 아시아에서 일어난 민족주의 운동은 불행하게도 반 식민지, 반 서구, 반 기독교적 성향을 띄고 말았다. 즉 일종의 반동운동(reaction against)이다. 토인비는 민족주의란 한정된 영토 안에 있는 사람들이 집단적 인간의 힘을 숭배하는 것이라고 우려하였다(the worship of collective human power within local limits).

민족주의는 자신들의 문화적 정체성을 추구하는데, 문화적 정체성의 뿌리는 자기 민족이나 인종들이 신봉하는 전통 종교이다. 이로 인하여 60년대와 70년대는 아시아에서 종교 부흥이 일어난다. 아시아에서 종교 부흥과 민족주의는 맥을 같이한다.

60년대 비서구의 반 식민지, 반 서구적 민족주의 운동은 서양 선교사들은 추방하고 많은 선교부 재산은 국가로 귀속된다. 미얀마는 영국의 식민지로서 인도의 한 주에 불과하였다. 영국이 물러간 후 미얀마 군사

정부는 교회를 제외한 기관과 학교는 국유화하고 말았다. 양곤의 한 침례교회는 양곤대학교 정문 마당에 있는데, 이유는 교회외의 건물과 땅은 양곤 국립대학교에 귀속시키고 말았기 때문이다.

다섯째, 20세기 초 서양 신학자들이 불을 붙이기 시작한 토착화 논쟁은 기독교를 서양 종교로 만들었다. 1938년 인도 마드라스에서 개최 된 국제선교회(International Missionary Council)의 선교대회는 토착화를 심도 있게 다루었다. 이 대회는 선교지 교회의 경제적 자립을 비중 있게 다루지만, 아시아 기독교는 서양 옷을 벗어야 할 것을 강조한다. 현대 선교신학은 토착화와 상황화(contextualization)를 동일시하는 경향이 있다. 1973년 대만 신학자 소키 코(Shoki Coe)는 세계기독교협의회(World Council of Churches: 이하 WCC로 표기)의 신학 교육기금(Theological Education Fund)의 책임자로서, 상황화 신학을 제안하였는데, 골자는 아시아에서 신학 교육은 해방신학을 가르쳐야 한다는 것이다.

자유주의 신학자들이 주장하는 토착화 이론에 의하면, 우리가 믿는 기독교는 서양화된 기독교임으로 기독교 본질에서 서양 옷을 제거해야 한다는 것이다. 토착화 논쟁이 일어나자 예수님 그림에 한복을 입히고 갓을 씌었고, 어느 신학교는 졸업식에 가운 대신 유교 선비들의 옷을 입고, 성찬식에서는 와인이 막걸리로 대치되었다. 그러면 와인은 서양 술인가?

그러나 우리는 초기 서양 선교사들이 우리에게 전한 기독교가 서양 기독교라고 생각하지 않는다. 그들은 성경적 기독교를 강조하면서 처음부터 성경으로 돌아가는 것을 가르쳤다. 구약성경의 많은 풍속이나 문화는 한국 문화와 유사한 것이 많이 있다. 스탠퍼드대학교 사회학 교수 팔머는 한국교회가 부흥하고 성장한 것은 한국 문화와 구약 문화 사이에 유사성이 많기 때문이라고 하였다. 우리는 성경이 서양 것이라고 생각하지 않는다. 성경의 출생 배경은 아시아이다.

여섯째, 자유주의 신학은 서구의 합리주의, 계몽주의 사상과 이론적 결합이다. 자유주의 신학은 주장하기를 초대 기독교 신앙은 헬라 철학과 결합되었다는 것이다. 이점에서 자유주의 신학이야말로 서양 기독교이다. 자유주의 신학은 기독교의 초자연적 세계인, 하나님, 영적 세계, 천국과 지옥 등의 초자연 세계를 부정함으로, 기독교를 세속화시키고 말았다. 초자연의 세계를 부정하면 세속화가 불가피하다. 이슬람, 힌두교, 불교 원리주의자들은 기독교와 계몽주의를 세속주의의 원조라고 비난한다. 수 년 전 ISIS 테러리스트들이 프랑스를 테러의 타킷으로 한 것은, 프랑스가 계몽주의 본산지이기 때문이다.

성경적 기독교는 세속주의가 아니다. 예수님은 제자들에게 있을 곳을 예비한다고 하셨다(요 14:1-3). 예수님이 말씀하신 있을 곳은 분명 하늘의 한 장소(*topos*)이다. 성경적 기독교는 초자연주의 세계관이다.

1930년대 미국 개혁주의 신학자 그레샴 메첸(J. Gresham Machen) 박사는 그의 저서 『기독교와 자유주의』에서 자유주의 기독교는 참 기독교가 아닌, 다른 기독교라고 정면으로 자유주의 신학에 도전하였다. 이 저서에 대하여 60년대 미국의 평론가 월터 립프만(Walter Lippmann)은 자유주의는 이 책에 대하여 답변하지 않았다고 메첸 박사의 사상을 옹호하였다. 자유주의 신학이 강조하는 인권신학, 사회정의, 민주화, 해방신학, 종교 다원주의 신학을 선교지에서 가르칠 수 있는가? 공산주의 국가도 성경만을 가르치는 선교사는 추방하지 않는다. "정치화된 기독교"를 선교지는 용납하지 않는다.

4. 서양 식민지 논리의 오류

역사적으로 보면 서구 기독교는 불행하게도 식민지와 선교가 함께하는 것은 사실이다. 16세기 신대륙을 발견한 가톨릭 국가 스페인과 포르투칼은 가톨릭교회를 식민지에 심기 위한 목적의 식민지 정복을 정당화한다. 이 두 나라가 남미에서 강제 개종을 하였기 때문에 지금도 남미의 반서구 감정은 심각하다.

그러나 개신교의 초기 선교는 동인도 회사를 발판으로 하였다. 동인도 회사를 식민지 정복으로는 볼 수 없다. 후일 인도가 영국의 식민지가 되면서 서구 선교단체들은 인도와 중국에 집중적으로 선교를 하게 된다. 개신교 국가 중 식민지를 통하여 선교한 첫 국가는 네덜란드이다. 네덜란드는 스페인과의 전쟁에서 이긴 후 인도네시아, 말레이시아, 스리랑카를 인계 받은 후 모든 공무원들은 개혁주의 교회로 개종하도록 의무화하였다.

영국의 아편전쟁은 식민지와 선교가 함께하는 케이스로 비난받는 단골 메뉴가 된다. 영국은 인도에서 생산되는 아편을 강제로 중국으로 수출함으로 아편전쟁이 발발하는데, 이 전쟁에서 세계의 중심 국가를 자처한 중국은 종이호랑이로 전락하게 되고 할 수 없이 선교사를 받아들인다. 식민지 관료들은 다 철저한 기독교 신자라고 할 수 없다. 인도네시아의 네덜란드 총독부의 관료들은 자유주의 신학에 영향을 받아 도리어 선교를 자제시켰다. 명분은 선교가 전통 문화를 파괴한다고. 하지만 힌두교 섬인 발리에서는 중국인 대상의 선교만 허용하였다. 인도의 영국 식민지 관료들도 열정적인 크리스천들이 아니었다. 잔인하게 인도인들을 다스린 예가 적지 않다.

서양 선교사들 중에는 식민지가 복음전파를 위한 일시적 하나님의 섭리라고 생각하는 자들이 있었다. 서구 식민주의는 문명이 발전하지 못한 사람들에게 구원의 메시지를 전파하기 위하여 하나님이 선택하신 능력 중의 하나로 간주하였다.[6] 한국교인들에게는 아주 서운한 소리지만 독일 복음주의 선교학자 구스타프 바르넥도 일본이 한국을 식민지로 만들자 한국의 문명화와 복음화를 위하여서는 좋은 기회가 된다고 일본의 한국 통치를 지지하였다.[7]

19세기 인도에서 영국의 식민지 통치에 대하여 미국 북장로교 선교부 총무였든 로버트 스피어 박사가 흥미로운 지적을 하였다. 스피어 박사는 1896년에서 1987년 초까지 프린스턴신학교 학생들과 함께 터키, 이라크, 이란, 인도, 버마, 중국, 한국을 여행하고 1989년 프린스턴신학교에서 "아시아에서 정치와 선교"를 주제로 강의하였는데, 강의 내용이 저서로 출판되었다.[8]

스피어 박사에 의하면 인도는 영국 식민지로 인하여 득을 본 나라이다. 영국이 인도를 식민 통치 하기 이전에 인도는 통일된 정부도 없었고 통일된 언어도 없었다. 힌두교가 70% 이상이라고 하지만 힌두교가 나라를 통일시키지 못하여 부족들 간의 갈등이 끓이지 않았다. 영국이 식민 통치를 하면서 철로가 건설되고 교통이 발전하고 통신이 발전하여 인도가 통일되는 길을 열어주었다. 당시에도 이미 무슬림과 힌두교간의 갈등은 통일에 장애가 되었다. 그는 동시에 영국의 인도 식민지 통치에 대한 심각한 오류도 예리하게 지적한다. 영국 식민지 통치자들은 기독교 이념으로 인도를 통치한 것이 아니라는 것이다. 인도에는 영국 선교사들이 많은 학교와 병원을 세웠는데, 학교에는 기독교 보다 서양 세속주의 철학을 더 가르쳤다고 비판한다.

그러나 수많은 선교사들은 서구 식민지가 선교에 장애가 된다고 자기 나라의 식민지 정책을 신랄하게 비판하였다. 윌리암 케리가 인도에 상륙하자 같은 영국인들의 동인도 회사는 그를 추방하고 만다. 인도네시아에서는 네덜란드 총독부의 관료들은 자유주의 신학에 영향을 받아 도리어 선교를 자제시켰다고 한다. 명분은 선교가 전통 문화를 파괴한다고. 하지만 힌두교 섬인 발리에서는 중국인 대상의 선교만 허용하였다. 미얀마의 첫 선교사 아도니람 저드슨(Adoniram Judson)도 동인도 회사로부터 추방당하고, 미얀마에서도 영국 스파이로 2년 동안 감옥생활을 한다. 인도에서 한 영국 관료는 자기 나라 선교사들을 향하여 원주민 독립을 부추기는 가장 골치 아픈 친구들이라고 비방하였다. 현지인 학생들에게 서구 식민지에서 독립 운동을 하라고 가르친 자들은 바로 미션 스쿨의 서양 선교사들이었다. 아시아에서 반서구 민족주의 정신은 서구 선교사의 정신적 유산이라고 해도 과언이 아니다.

5. 아시아인 식민지가 더 나쁘다

아시아는 서구 식민주의를 비난할 형편이 못된다. 동남아 사람들은 아시아인에 의한 식민지가 서구 식민지 보다 더 나빴다고 말한다. 그 실례는 버마의 아웅산과 동료 민족주의자들이다. 그들은 영국 통치에서 벗어나기 위하여 일본군이 오자, 일본과 손잡고 반영 투쟁을 하였지만 곧 일본 식민지가 더 악하다고 깨닫고 도리어 영국 편을 든다. 아시아 역사는 전쟁의 역사로, 항상 강한 나라가 약한 나라를, 강한 인종이 약한 인종을 정복하였다. 대부분 아시아 나라들은 다인종, 다종교, 다문화의 다원화 국가이다. 그럼에도 주류 인종과 다수 종교가 사실상 주도권을 가지고 소수 종족을 억압하는 나라가 많다. 버마는 135 종족의 다인종 국가인데 1961년 네윈(Ne Win)의 군사정권은 일방적으로 버마식 사회주의 노선(Burmese way to socialism)을 선언, 불교 버마인들의 우선 정책을 노골화 하였다. 중앙정부는 소수 인종 지역의 자원을 착취하는 정도가 심하여 소수 부족들은 무장을 하고 독립투쟁을 한다. 몇몇 소수 인종들은 노골적으로 서양 식민지가 더 좋았다고 말한다. 이러한 상황은 태국, 베트남, 중국, 스리랑카에서 보편적인 현상이다. 태국은 전 국왕이 로열 프로젝트 정책으로 소수 인종들이 그 지역에서 농사를 잘 짓도록 정부가 협조하여 인종 갈등이 적은 나라이다. 중국은 위구르, 외몽고는 공산화 후 식민지로 한 것이나 다름없다고 보아야 할 것이다.

　아리안 인도인들은 영국 식민지를 비난할 자격이 없다고 본다. 자기 조상들이 수천 년 전 이란에서 이동하여 인도 원주민들을 정복, 지금까지 군림하고 힌두교는 엄밀히 말하면 원주민들을 지배하기 위한, 즉 인종 차별을 종교로 정당화하는 것이라고 하여도 과언이 아니다. 인구 숫자에서 아리안은 결코 다수가 아니었다. 1890년 통계에 의하면 인도 전체 인구는 5억 7천만 32만 명이었다. 인종과 인종별 비율은 다음과 같았다. 비 아리안의 원주민 인구는 십분의 일, 아리안 어를 사용하는 순수 아리안 인종 역시 10분의 1, 아리안과 비아리안이 혼합하여 태어난 힌두로 알려진 혼합 인종이 3분의 2, 나머지는 무슬림들이었다. 인종은 4가지로 분류하였다. 그러나 아리안 인도인이 인도의 지배계급으로 군림하였다. 지금도 인도는 카스트 제도로 말미암아 사회갈등이 잠잘 날이 없다.

6. 아시아에서 왜 기독교는 마이노리티인가

사무엘 마펫 박사는 아시아 기독 교회사 전 권 결론 부분에서 서구에서는 기독교가 지구를 한 바퀴 도는 동안, 왜 아시아에서는 기독교가 등장하였다가 사라지고 다시 잠간 나타났다가 사라졌는지 반문한다. 동양과 서양에서 기독교의 차이는 신앙의 차이인가, 교회 구조의 차이인가, 사회와 정치 환경의 차이 때문인가? 그는 해답으로 7 가지 원인을 지적 한다. 즉 지리적 고립, 계속되는 소수의 신자(chronic numerical weakness), 박해, 아시아 종교와 조우, 인종적 내향주의(ethnic introversion : 엄밀히 말하면 인종주의), 국가 의존, 교회의 내분이다.[9]

마펫 박사는 과거 아시아 기독교에 대하여 부정적이다. 그는 서양 기독교와 아시아 기독교 비교에서 아시아 기독교회가 공부를 적게 한다고 노골적으로 언급하였고, 인종 중심의 교회는 지금도 거의 동일하다. 교회 내분은 어디나 공통된 현상이다.

아시아에서 기독교회가 극심한 환란과 핍박 중에도 그루터기라도 남아서, 이 그루터기에서 부흥과 선교의 불이 붙어 이 교회가 아시아에 복음을 전하였더라면 기독교는 서양 종교라는 비난을 면하였을 것인데 라는 아쉬운 감정을 금하지 못한다.

2세기 아시아에서 불교는 동진하는 동안 기독교도 거의 동시에 동쪽으로 전진하고 있었지만 동남아는 불교 국가가 되고 말았다. 동남아에 불교가 적극적으로 전해진 시기는 1세기에서 2세기이다. 2세기에 인도에는 도마 교회가 세워지는 시대였다. 아시아에서 기독교에 대한 외부적 상황은 과거나 지금이나 동일하다. 박해와 타 종교와의 영적 전쟁은 지금도 계속되고 있다. 아니 지금 더 심하여지는 상황이다. 아시아에서 기독교는 그야말로 다윗과 골리앗의 대결이다.

7. 기독교 선교의 장애

아시아에서 교회가 크게 성장하지 못한 것은 외부적 요인이 더 크다고 주장하고 싶다. 과거나 현재나 아시아의 정치, 문화, 종교, 이데올로기(공산주의 혹은 사회주의)가 무서운 박해세력이다. 마펫 박사는 그 증거로 4세기에 페르시아에서 순교한 신자가 로마에서 보다 더 훨씬 많았다고 말한다. 태국의 한 서양 선교사는 태국에서는 초기 치앙마이의 두 현지인 신자가 순교한 후, 그 후에는 순교자가 없어서 교회가 성장하지 못한다고 하였다. 그는 "순교는 교회의 씨"라는 터툴리안의 말을 인용하면서 이런 해석을 하였다. 그러나 핍박이 극심하여 한국보다 많은 순교자를 낳은 일본교회는 태국과 같이 기독교는 소수이다.

아시아는 서구의 영향으로 개인주의와 세속주의가 강한 것 같은데 집단주의는 변하지 않고 있다. 특히 종교에 관한 한 개인의 선택이 불가능한, 집단주의 사회이다. 태국에서 한 대학생이 예수를 믿어 교회 예배에 참석하였다. 그런데 그의 아버지가 예배 중인 교회당에 들어와 고함을 지르기를 "왜 내 자식을 가족에게서 분리하느냐"라고 소리치면서 성인된 아들을 끌고 나갔다. 한국은 선교사가 들어올 당시 기독교로 개종하면 조상 제사로 인하여 가족과 친척들로부터 핍박을 받았다. 그러나 당시 우리 사회는 종교 문제에서 개인주의 사회로 전환한 시대로 본다. 그러나 개인주의로 교회가 부흥하였지만 개인주의로 교회와 선교는 어려움에 직면하고 있다. 성경은 개인주의가 아니라 공동체주의(communalism)이다.

아시아에서 종교는 고상한 이념, 가치관, 세계관으로 역할을 하기보다는 부족, 국가, 사회를 통합시키는 수단이 되고 말았다. 종교, 문화, 정치. 전통, 풍습이 하나가 되는 통합적 사회 시스템이 되어 사람들을 '영적 새장'(spiritual net) 안에 가두고 있다. 바울은 일찍이 이 사실을 예리하게 직시하였다. "우리도 어렸을 때에 이 세상의 초등학문 아래에 있어서 종 노릇하였더니"(갈 4:3), "그러나 너희가 그 때에는 하나님을 알지 못하여 본질상 하나님이 아닌 자에게 종노릇 하였더니"(갈 4:8)라고 하였다. 본문의 초등학문은 영어성경 NIV는 basic principles of the world이다. 이 단어는 아주 다양하게 해석할 수 있다. 율법주의자들인 유대인들에게 초등학문은 모세의 율법으로 해석이다. 그렇다면 모세의 율법과 상관없는 아시아에서는 아시아 종교와 이데올로기가 초등학문 노릇을 한다. 바울은 초등학문 아래 있는 사람들을 하나님을 알지 못하는 영적 노예로 표현한다. 모세가 이집트 백성들을 포로 상태에서 해방시킨 것처럼, 아시아에서 기독교회는 영적 어두움의 노예가 된 영혼들을 해방시키는 해방자 역할을 해야 할 것이다. 영적 어두움의 종교와 문화는 가난, 인권부재, 독재를 영속화시키고 있다. 동남아 불교 국가에 민주주의를 기대한 다는 것은 "쓰레기에서 장미꽃"을 찾는 격인지 모른다. 기독교야말로 진정 해방의 종교이다. 인도네시아 신학자 예왕고예는 진보적 신학자이지만 저서 아시아의 십자가 신학에서 아시아의 가난과 독재에서 사람들을 해방시킬 수 있는 유일한 길은 오직 십자가의 복

음뿐이라고 역설한다.[10]

동남아 소승 불교는 신학적으로 말하면 복음의 무서운 장벽이다. 19 29년 버마에서 영국 성공회 선교사들은 "버마에서 기독교와 불교"라는 주제로 한 세미나에서 불교 국가에서 선교가 어려운 지를 진지하게 논의하였다. 결론은 불교의 방어는 난공불락임으로 소수 산지 족들에게 방향을 돌릴 것을 제안하였다.[11] 동남아에서 선교한 서양 선교사들은 물질세계를 악하게 보는 이원론적 세계관이 물질 긍정의 기독교 세계관과 대립이 선교를 어렵게 한다고 생각한다. 인도차이나에서 어느 선교사가 예수님은 우리 죄를 대신하여 십자가에서 죽었다고 설교하자 "예수는 전생에 무슨 죄를 지어 끔찍한 죽음을 당하였느냐"라고 반문하였다.

동남아에서 선교한 OMF 선교사 이얀 프레스콧은 흥미로운 말을 하였다. 한국이 중국에서처럼 불교가 다른 종교와 혼합된 불교권에서는 선교가 잘 되었는데 혼합이 되지 않는 동남아 불교권에서는 전도가 더 어렵다고 하였다. 그는 실례로서 중국의 한족들 사이에 자발적인 교회성장 운동이 일어났고 한국도 불교와 무속 신앙과 결합되어 전도가 비교적 쉬웠다는 것이다.[12]

불교 문화권에서 선교가 어려운 것은 유사한 것을 아테네에서 바울의 전도에서 찾아야 한다. 바울 아레오바고에서 마지막으로 예수님의 부활을 전하자 많은 사람들이 도리어 조롱하였다. 희랍 철학은 육체의 부활을 거부한다. 악한 육체가 왜 다시 살아나야 하느냐고 묻는다. 바울은 가는 곳 마다 전도 후 교회를 개척하거나 후일 개종자들로 인하여 교회가 설립되었다. 그러나 아덴에서는 바울의 설교로 몇 사람이 그를 가까이하고 믿었지만 교회가 세워졌다는 말은 없다(행 17:34). 어느 독일 신학자는 아테네에서 바울은 자기 지식에 너무 의존하여 실패한 것을 깨닫고 고린도전서 2장에서는 성령 의존을 말하였다는 것이다. 그러나 바울의 목회는 처음부터 말씀과 성령 의존의 선교였다.

동남아 지식인들은 불교 승려에 대하여 불만은 있어도 불교만 절대 진리라는 생각을 가지고 있다. 태국 선교사 힐더브란드는 연구 기금으로 태국 불교도 대학생들을 대상으로 의식조사를 하였다. 한 대학생은 승려들이 고급차를 타고 백화점에 가서 여자 구두 사는 것을 보고 실망하지만 불교 자체에 대하여는 의심을 하지 않는다는 것이다.[13] 타종교 인들이 자기 종교에 대한 확신을 가질 때 전도는 어렵다. 어떠한 합리적 논쟁도 설득할 수 없다. 이점에서 이슬람 선교가 더 유리한 것은 2011년 아랍 스프링 이후 중동 일부 국가들의 붕괴와 내전으로 많은 무슬림 지식인들과 청년들이 이슬람에 대하여 회의를 가진다고 한다. 특히 이란에서는 많은 가정교회가 일어나고 있다. 이슬람 국가에서는 꿈과 환상을 통하여 많은 개종이 일어나고 있다. 이들을 어떻게 제자로 양육하느냐가 선교적 과제이다.

8. 식인종들이 복음을 더 잘 받아들였다

힌두교, 불교, 이슬람을 고등 종교라고 말하는데, 고등 종교에서 기독 선교는 어려운데, 애니미즘의 야만적 식인종들이 집단 개종으로 90% 이상 복음화된 사례가 많다. 인도네시아 서부 수마트라 북쪽 섬 바탁 족과 자바 섬의 칼리만탄 족은 거의 "기독교 동네"라고 하여도 과언이 아니다. 버마의 카렌족들도 일부 식인종이었고, 인도 나가랜드도 과거 식인종이었다.

1960년 초 캐나다 선교사 단 리차드슨(Don Richardson)은 이리얀자야의 식인종을 복음화하였다. 그의 저서 『화해의 아이』는 그의 선교 경험을 잘 설명한다.

'경제 대국 일본, 기독교 소국 일본'은 아시아에서 기독교가 안 되게 하는 나라의 모델이다. 필자는 일본 출생이지만 이러한 일본을 유감으로 생각한다. 일본인들은 신과 부처를 동시에 믿고, 불교와 신도가 평화롭게 공존하면서 경제 대국을 만들었다. 예수 안 믿어도 윤리적으로도 선진국이라는 자부심을 가지고 있다. 한 사람이 두 종교를 믿는 일본인들의 체질은 유일신론 종교는 인기가 없다. 경전이 있는 유일신론 종교를 믿는 자들은 인구의 7% 혹은 8%라고 2003년 NHK 여론 조사에서 발표되었다.14) 기독도 인구는 1%도 안 되는 것 치고는 이 숫자는 예상을 떼어 넘는다. 명치유신 때 채택한 화혼 양재(和魂洋才)와 동양 도덕이라는 문화 철학은 처음부터 기독교를 배제하기 위한 것이었다. 당시 국수주의 헌법학자, 특히 이토 히로부미(伊藤博文)는 서양의 헌법을 연구하고는 결론 내리기를 서양 헌법은 하나님과 백성과의 계약 사상에 기초한 것임을 간파한다. 기독교적 하나님 사상이 중심이라는 사실을 알아다. 그는 일본 종교나 불교에는 그러한 계약 사상이 없어 고민하든 중 예수님은 신이자 사람((Deus et homo)이라는 기독교 핵심 교리를 알고 이것을 일본 왕에게 적용하여 만들어진 헌법의 골자가 현인신(現人神 : 아라와히도카미)이다. 일본 왕은 즉 살아있는 신이라는 것이다. 예수님 자리에 천황이 앉은 격이다. 천황 신격화는 후일 기독교를 박해하는 무서운 이데올로기로 작용한다.

일본에는 합리적 사상과 양심을 가진 학자들이 많다. 정치학 교수 고무루 나오끼는 "왜 일본의 입헌 정치가 기독교의 하나님이 필요 하는가?"라고 질문을 던지면서 이토 히루부미가 1888년 천황 신격화 헌법 제정을 주도한 동기와 배경을 비판적으로 설명한다. 천황을 신격화하여 모든 일본인들이 절대 복종하여 국가통일을 이룬다는 것이다. 이것을 시험하기 위하여 천황은 바깥나들이를 하는데 국민들이 존경을 표시하였지만 그것은 절대 신으로가 아니라 8백만 신들 중의 하나에 불과한 신임을 알게 되어 이토 히로부미는 딜레마에 빠졌다. 그러나 청일전쟁과 노일전쟁에 승리하면서 천황 신격화가 성공하게 되었다는 것이다.15)

아시아 대부분 나라들은 자기들도 모르게 이 철학을 따라가고 있다. 말레이시아의 마하틸은 20년 전 수상으로 동방 정책을 시행하였다. 그가 추구한 동방 정책은 2000년까지는 일본을, 2020년까지는 한국을 따라 잡는다는 것이었다. 그 이념에 기초하여 경제를 발전시키면서 말레이시아를 이슬람화하였다. 말레이인이 기독교로 개종하면 벌을 받도록 하였다.

결론으로, 아시아에서 기독교가 어려운 것은 서양 종교이기 때문이라고 하는 것은 결코 정답이 아니다. 예수님의 씨 뿌리는 비유는 중요한 교훈이 된다. 아시아라는 영적 밭은 가시밭에 비유할 수 있을 것이다. 선교 초기 많은 선교사들이 희생하고 순교하였다. 터투리안이 말한 대로 그들의 희생과 순교로 10% 미만의 교회가 탄생하였지만 그 이상을 넘어가지 못하는데 아시아 기독교의 딜레마가 있다. 성령께서 바울에게 마게도니아로 가라고 명령한 의미를 깊이 음미할 필요가 있다고 생각한다.

제2장

네스토리안 기독교 선교 역사 고찰

우리는 아시아인으로 아시아 기독교 역사를 진지하게 연구해야 한다. 지금까지 기독교회사는 주로 서구 중심의 역사이다. 콘스탄틴 대제 이후 초대 기독교는 로마와 비잔틴 중심의 서구 기독교가 신학과 교회 정치를 주도하면서 서방 중심으로 움직였다. 그래서 교회사 기술도 서방 교회사 중심이거나 서방 신학 발전사 서술에 더 중점을 둔다. 그래서 우리는 교회사에 등장하는 위대한 교부들을 다 서양 신학자로 오해하였다. 클레멘트, 오리겐, 아다나시우스, 키릴은 헬라어를 말하며 헬라어로 신학 책을 저술하였고, 키프리안, 터툴리안, 어거스틴은 라틴어로 썼지만 그들은 다 아프리카 출생이며, 소수의 아시아인 교부와 변증가도 있었다. 그럼에도 불구하고 서양 교회사는 이들을 마치 서구신학자인 것처럼 말하였다. 기독교가 박해를 당하자 기독교를 잘 변증한 순교자 저스틴도 지금의 팔레스타인 출생으로 알려지고 있다.

본장은 아시아 교회, 특히 네스토리안 이전의 시리아 교회와 네스토리안의 선교 역사를 서술하고자 한다. 네스토리안의 이단 논쟁은 우리의 관심사가 아니고, 다만 아시아인에 의하여 전파된 기독교가 중국, 몽골, 중앙아시아에서는 거의 사라졌는데, 왜 기독교가 사라졌는지에 더

욱 초점을 두고자 한다.

1. 초대 아시아 기독교 선교의 특징

초대 기독교 선교의 특징은 문명이 낮은 나라에서 문명국가로, 피식민지 국가인 유대 크리스천들이 식민지 국가인 로마를 향하여 복음을 전파하였다. 그 후의 선교 역사는 물이 위에서 아래로 흐르듯, 선진국에서 후진국으로 복음이 전하여졌다. 가톨릭 선교나 개신교 선교도 동일하다. 사도행전 2장의 오순절 사건은 기독교를 세계적 종교로 만드는 선교운동의 시작이다. 구약성경이 예언한대로 구원의 메시지가 땅 끝까지 전파되게 하는 시발점이다. 개혁주의 선교학자 해리 보어(Harry Booer)는 저서 오순절과 성령(*Pentecost and Missions*)에서 오순절의 성령은 선교의 성령이며, 베드로의 설교는 선교의 메시지를 제공하였다. 복음이 예루살렘에서 사마리아로, 이방으로 확산되어 최초의 이방인 교회 안디옥교회가 세워졌다. 처음부터 안디옥교회는 선교하는 교회가 된다. 이 여파로 복음이 먼저 아시아와 북아프리카로 전파되었다고 말한다.

사도행전의 선교운동은 원심적 선교운동이다. 오순절 때 예루살렘을 방문한 유대인 디아스포라(Diaspora)들과 유대교로 개종한 하나님 경외자들(God-fearer)이 예루살렘으로 와서 예수 십자가와 부활의 복음을 듣고 자기 고향으로 돌아가서 교회를 세웠다고 추측한다. 12사도들과 다른 제자들은 예수님의 부활 후, 오순절에서 성령운동을 체험하고 온 세계로 흩어졌다. 스데반의 순교 후 예루살렘에서 큰 박해가 일어나자

"사도 외에는 다 유대와 사마리아 모든 땅으로 흩어졌다"(행 8:1). 환난 중에 흩어진 자들이 베니게와 구브로와 안디옥까지 복음을 전파할 때 "주의 손이 그들과 함께 하시매 수많은 사람들이 믿고 주께 돌아왔다"(행 11:21). 누가복음 10장 1절에 나오는 70인 제자 중 하나인 다대오(시리아 이름은 아다이)는 시리아의 에데사에 복음을 전하였다. 사도 베드로의 선교 무대는 주로 예루살렘을 중심으로 하였고, 다른 제자들과 바울과 바나바는 사마리아를 뛰어넘어 이방 세계로 향한다. 이들의 선교 활동은 사도행전이 말해주고 있다. 기독교를 세계적 종교로 만든 자는 바울이다. 바울 역시 아시아 사람으로 지금의 터키 남서부 지방인 소아시아를 거점으로 전도하고 교회를 설립하였다. 바울은 다메섹 도상에서 예수님의 음성을 듣고 난 후에 하나님의 교회를 박해하는 신분에서 핍박을 받는 자로 변신, 아라비아에서 3년 간 머문다.

시리아는 초대 기독교 선교와 신학의 본거지였다. 예수님의 제자들은 하나님의 특별한 음성이나 이적을 많이 경험하는 것으로 역사는 전하지만 너무나 많은 전설로 인하여 역사적 신빙성에 의문이 가기도 한다. 2세기부터 제자들의 선교활동은 정설보다 전설에 의존하지만 예수님의 제자들은 대부분 선교사로 멀리 간 것으로 말한다.

가장 드라마틱한 것은 도마의 인도 선교이다. 바돌로메는 페르시아로, 열성파 시몬과 마태는 동쪽으로, 마가는 이집트에 교회를 설립하였다는 전설이 내려온다. 이들 제자들이 활동한 나라의 교인들은 제자들의 선교 이야기를 신빙성 없는 전설로 생각하지 않을 정도로 역사성을 인정한다. 어떤 제자들은 소아시아는 물론 시리아, 아르메니아(현, 터키의 동쪽)와 메소포타미아에 까지 복음을 전하여 교회를 설립하였다.

2. 300년까지 초대 기독교회

우리는 초기 아시아 기독교 선교를 두 시기로 분리하여 다루고자 한다. 오순절 이후 적어도 300년까지와 로마가 기독교를 공인한 이후의 기독교로 구분하고자 한다. 이유는 초기 300년까지 기독교가 역사상 비교적 순수한 기독교였다고 말한다. 윌리스턴 워커 박사는 초기 기독교를 가톨릭교회(Catholic Church)라고 하는데, 이 가톨릭은 로마 가톨릭과는 무관한 것이다. 300년까지 기독교는 신약성경이 거의 완성되었고, 공통된 신앙고백과 비교적 단순한 예배 모범과 동질성의 신앙, 엄격한 도덕률, 지역 중심의 감독제 정치, 한 지역 교회 안에서 끈끈한 성도의 교제, 성찬식으로 통일성이 있었다. 당시 교회는 개교회가 자체 권위를 행사하면서도 느슨한 교회 조직과 직제가 완성되었으며 감독들은 집단 체제로 지도력을 발휘하였다. 당시 신자들이 고백한 신앙고백과 교회 직제를 인정하지 않는 자들에게는 성찬식에 참여할 수 없었다. 당시 교회는 그노시스 이단과 마르시온으로 신학적 혼란이 일어나기 시작하였었다. 그러나 초대 교회 교부들은 신학의 기초를 세우는데 기여한다.[1]

디오게네티스에게 보내는 익명의 편지(AD 130)는 당시 크리스천들의 모습을 기술하기를, 그들은 신자들 간에는 국적을 구별하지 않았고, 가진 것을 서로 나누었고, 나그네처럼 살았고, 보통 사람들과 다른 용어를 사용하지 않았고 수수하게 살았다. 어떠한 특별한 교리를 믿는다고 말하지 않았다. 복장, 음식 등 일상생활은 일반 사람들과 다를 바 없었지만 그러나 그들의 행동 양식은 달랐다고 한다.

초기 기독교회는 핍박이 심한 시대로 많은 순교자를 낳았다. 초대 교회는 순교의 역사이다. 교회 사가들은 이 시대에 중세 1천 년 동안 전파된 것 보다, 가장 순수하게, 가장 강력하게, 가장 널리 전파된 시기라고 말한다. 박해 중에도 초기 기독교회는 도리어 박해하는 로마를 기독교화하고 말았다. 그러나 로마가 기독교 국가(Christendaom)가 된 것이 서방 기독교의 불행이다. 『로마제국의 흥망사』의 저자 에드워드 기본(Edward Gibbon)은 기독교가 로마를 기독교화한 것이 아니라 도리어 로마가 기독교를 로마화 한 것이라고 하여 그의 저서는 가톨릭에서 한때 금서가 되기도 하였다. 기본은 저서 15장에서 초대 기독교회를 굉장히 높이 평가한다. 초대 기독교 신자들은 종말적 신앙으로 살았다. 그들은 나그네의 자세로, 겸손과 근검, 절약과 사랑과 봉사로 이방 종교인들을 능가하는 높은 수준의 도덕을 보여주었다. 초대 기독교의 감독들도 양떼를 돌보는 신앙의 어른 노릇을 하였고, 감독들이 모일 때도 민주적 회의 방식을 따랐다. 그러나 기독교가 로마의 국교가 되면서 크게 변질되었다고 말한다.[2]

2세기에 도마가 중국까지 와서 전도하였다는 학설이 있으나 역사적 증거는 없다. 중국에 다시 기독교가 들어 온 것은 7세기 네스토리안이다. 근 500년 동안 기독교가 단절된 역사이다.

극동 아시아에서 기독교 역사와는 달리 중동의 개신교 크리스천들은 스스로 자기들은 예수님 이후의 제자들이 세운 교회의 후손으로 자부한다. 심지어 이라크 크리스천들은 요나의 후손이라고까지 주장한다. 이것은 이라크 크리스천 장군이 한국을 방문, 이슬람 세미나에서 말한 첫 마디이다. 필자는 2003년 미국의 이라크 침공 이후 요르단에서 영어를 가르치는 사비안교(Sabeans) 여신도를 만났다. 사비안 신자라는 말을 들어 본적이 없는 필자로서 호기심으로 대화를 나누었다. 그녀의 설명에 의하면 사비안의 원조는 세례 요한으로, 반드시 강에서 세례식을 거행한다고 한다. 그러나 기독교 종파는 아닌데 기원은 세례 요한으로 올라간다. 신도들은 이란과 이라크에 15만 명이나 된다. 그들 역시 엄청난 박해를 받았지만 거의 2천년 동안 이란과 이라크에서 생존하였다는데 놀라움을 금하지 못한다.

3. 아시아 기독교의 정의

초대 기독교회는 아시아인에 의하여 아시아로 전파되었다. 아시아 기독교회란 로마 가톨릭 (이하 가톨릭으로 표기함)과 희랍 정교회(Greek Orthodox Church, 혹은 비잔틴 기독교)와는 구분되는, 시리아를 중심으로 아시아에서 시작하고 아시아에서 발전한 기독교회를 의미한다. 일본 칼빈주의 신학자 와타나베 박사는 아시아 기독교를 "오리엔탈 그리스도교"로 말하고, "예수님과 사도들의 가르침을 그대로 계승한 교회"라고 하였다. 그런데도 서방 교회는 아시아 기독교를 네스토리안 때문에 이단시하는데, 네스토리안은 "본질적으로는 이단은 아니다. 네스토리안파를 이단으로 보는 견해가 서방 교회에서도 최근 달라지고 있다."[3]라고 말한다.

아시아 기독교를 동방 교회(the Eastern churches)라고도 말한다. 동방 교회란 시리아, 아르메니아, 페르시아, 메소포타미아와 북 아프리카의 교회를 말한다. 일본 경교 연구가 사이키는 동방 교회를 네스토리안, 야코빗 교회(Jacobites), 마로나잇 교회(Maronites), 인도 시리아 교회(Syrian Christians in Malabar)로 분류한다. 사이키 역시 동방 교회를 이단으로 규정한 것은 서양 학자들의 편견이라고 말한다. 참고로 최근 세계교회협의회(The World Council of Churches)와 신학적 유대를 가지는 중동교회협의회(The Middle East Council of the Churches)가 발표한 동방 교회를 소개하면, 약 450만의 신자를 거느리는 오리엔탈 정통 교회(Oriental Orthodox Churches, 혹은 Coptic Orthodox Church), 아르메니아 사도 교회, 시리아 정교회, 로마 가톨릭, 희랍 정교회(Eastern Orthodox Churches)이다. 중동협의회가 발표한 아시아 기독교는 현재 복음주의와는 많은 이질감을 가지는 것이 사실이다.

이상 아시아 기독교 정의는 단순하지 않다. 아시아 기독교에 대한 용어를 본서에서는 편의상 로마 가톨릭과 희랍 교회를 제외한 아시아에서 일어나고 전파된 모든 기독교를 아시아 기독교로 표현한다. 그러나 세부적으로는 시리아 교회, 네스토리안 기독교, 페르시아 기독교로 표현하는데, 이상하게도 고대 아시아 교회들은 대부분 영어로는 Syrian Orthodox, Armenian Orthodox, Mar Thomas Orthodox로 표현하여 구분하기가 힘들다. 수년전 아르메니아를 방문 아르메니아 정교회 내부를 보면서도 아르메니아 정교회가 희랍 정교회와 건물과 내부 장식이 너무 유사하여 희랍 정교회에 속한 정교회인지 독립 정교회인지 구분을 못하였다. 아시아 교회들이 '올소독스'(정교회)라는 단어를 선호한 이유는 초대 교회 신학 논쟁, 특히 네스토리안을 이단으로 규정하면서 서로 정통이라고 주장한데 원인이 있다고 본다. 본장은 원나라시대까지의 아시아 교회사를 간략하게 서술하고, 왜 아시아에서 기독교회가 거의 사라졌는지를 논하고자 한다.

4. 시리아 기독교 선교 역사(네스토리안 이전)

시리아의 에데사는 오순절 이후 기독교 지역이 된다. 초대 기독교 시대 유명한 유대인 교회사가 유세비우스에 의하면, 에데사를 통치한 임금 아브가루스(Abgarus)는 예수님에게 자기의 병을 고쳐 달라고 사신을 보내었다. 이 요구는 당대는 실현되지 않았지만 예수님 승천 이후 도마가 70인 제자 중 하나인 다대오를 에데사(Edessa)로 보내었다. 다대오를 통하여 복음이 에데사 지역에 널리 전파되어 교회가 부흥하였다. 후일 에데사는 도마를 위시한 많은 제자들을 아시아 여러 나라로 전도자를 파송한다. 2세기에 에데사는 이란과 사우디아라비아와 나아가서는 중앙아시아에 까지 복음을 전하는 선교센터가 되었다. 인도에서 시리아 기독교에 대한 역사적 증거는 341년 시리아 상인 토마스카나가 트라반코트에서 기독교 신자를 발견하였으며, 180년경 알렉산드리아교회는 인도로부터 선교 요청을 받고 판테스라는 사람을 파송한다.

2003년 아시아의 로마 가톨릭의 아시아 주교회의 연맹과 신학연구위원회(the Commission for Theological Concern)는 공동으로 아시아 신학자들, 선교사들, 원주민 교회 목사 및 신부들이 쓴 글의 리스트를 출판하였다. 방대한 작업이다. 이 저서에 의하면 아시아에서도 초대 교회부터 많은 기독교 관련 저서들과 글들이 있었다. [4]

초대 기독교에서 우리는 시리아의 안디옥과 에데사를 언급하지 않을 수 없다. 바울 시대에 시리아에 기독교 신자가 많았다는 것은, 사울이 "주의 제자들에 대하여 여전히 위협과 살기가 등등하여 대제사장에게 가서 다메섹 여러 회당에 가져 갈 공문을 청하니 이는 만일 그 도를 따르는 사람을 만나면 남녀를 막론하고 결박하여 예루살렘으로 잡아 오려 함이라"(행 9:1-2). 이 말씀은 벌써 시리아 수도 다마스쿠스(Damascus, 다메섹)에 많은 신자들이 있었다는 것을 증명한다. 사도행전 2장 9절에서 11절까지 나라 이름이나 지방 이름에서 시리아도 다메섹도 나오지 않지만 시리아 더 북쪽의 본도와 아시아에서 유대인 디아스포라가 예루살렘을 왔다면 다마스쿠스에도 유대인 디아스포라들이 왔을 것으로 짐작한다. 또한 예루살렘에 핍박이 일어나서 많은 사람들이 흩어져서 전도하였다. 자진 분산된 신자들이 가까운 시리아로 갔다.

바울은 기독교를 유대의 울타리에서 세계적 기독교로 만든 기독교 역사에서 가장 위대한 선교사이자 신학자이다. 신학자들은 바울 신학을 논하지만 선교사로서 바울을 등한히 하는 경향이 있다. 바울 이전의 사울은 스데반의 순교 때에도 현장에 있으면서 스데반의 설교를 다 들었다고 보아야 할 것이다. 그리고 예수 믿는 사람들을 죽이려고 다마스쿠스로 갔다. 그러나 다마스쿠스에서 예수님을 만난 후 박해자에서 피박해자로 신분의 극적 변화가 일어난다. 그는 회당에 들어가서 "예수가 하나님의 아들이심을 전파하니 듣는 사람들이 다 놀라 말하되"(행 9:20-21)라고 한다. 바울의 메시지는 유대인들을 당혹하게 만들었다. 안디옥에 첫 이방인 교회가 세워지는 것은 사도행전 11장 19절 이하에 잘 나타난다. 스데반 순교 후 박해를 피한 신자들이 안디옥까지 와서 전도하고 교회를 설립하였다. 안디옥에서 이방인들이 기독교 신자들을 예수 그리스도를 추종하는 자라는 뜻에서 크리스천이라는 이름이 지어주었다.

시리아 교회에 대하여는 사도행전에 잘 나와 있음으로 여기서는 생략한다. 에데사는 지금의 터키 동남부에 위치한 우르파로서, 아브라함이 가나안을 향할 때 이곳을 통과하였다. 그러나 기독교 국가였던 시리아가 무함마드 등장 이후 일찍이 아랍에 정복당하여 수도 다마스쿠스는 제1대 칼리프 왕국인 우마이야 왕조의 수도가 된 적이 있다.

이슬람 국가 시리아는 7년 째 내전으로 말미암아 아주 황폐한 나라가 되고 말았다. 수 백 만이 난민으로 외국에서 방황하고 있다. 이사야 선지자는 일찍이 다메섹에 대한 경고를 다음과 같이 하였다. "보라 다메섹이 장차 성읍을 이루지 못하고 무너진 무더기가 될 것이라"(사 17:1). 이 예언대로라면 시리아는 재건의 희망은 없을 것이다. 바울이 광주리를 타고 내려 간 근처에는 바울 타운으로 남아있었다. 그 지역에는 바울 기념교회를 위시하여 시리아 정교회와 앗수르 정교회가 있었으며, 개신교회도 두 개나 있었다. 시리아 기독교인들은 지금도 아람어를 사용하고 있다. 그들은 과거 시리아가 기독교의 본산지, 선교의 중심이었다고 자부심을 가졌다. 내전 이전에 3백 만 명이 넘는 크리스천들은 어디로 갔는지 궁금하다.

예수님의 제자 도마는 인도로 가서 선교를 하여 지금도 인도에는 성 도마교회가 존재한다. 인도인들은 인도 기독교가 세계에서 가장 오래된 교회라고 자부한다. 인도 대통령 라젠드라 프라사드(Rajendra Prasad) 박사는 "도마로 전파되어진 기독교는 유럽보다 더 오래 되었다. 도마 기독교는 인도의 자랑이라."라고 연설한 적이 있다.

도마교회(인도인들은 말 토마 교회, 즉 성 도마교회라 부른다)의 설립은 에데사를 중심으로 출발하였다. 도마는 주후 52년에 인도에 도착하여 20년간 선교사역을 하였다. 제롬의 교회사에 의하면 예수님은 도마를 인도에 파송하였다. 기독교가 인도에 들어갈 때는 인도가 아쇼카로 시작된 불교 중흥의 시대에서 힌두교로 다시 전환하고 또한 정치적으로는 혼란의 시기였다. 예수님 당시 인도는 페르시아, 헬라, 중국의 침입을 받았는데, 그때 팔라바(Phalava)라는 임금이 기독교와 조우한 것으로 전하여진다. 도마가 인도에 선교사로 갔다는 이야기는 많은 이적과 신비주의로 가득한 도마의 행전(Acts of Thomas)에 기록되어 있다. 도마행전의 서두는 예수님의 11제자가 예루살렘에 모여서 명령하신 세계선교 전략을 논하였다. 제자들은 지역을 나누었는데, 제비를 뽑으니 인도는 도마에게 떨어졌다. 그러나 도마는 자신은 유대인이고 몸이 약한데 어떻게 인도로 갈 수 있느냐고 거절한다. 그런데 그날 밤에 예수님께서 다시 나타나서 "무서워 말라 도마야 인도로 가서 복음을 전하여라. 나의 은혜가 너와 함께 하노라."라고 하였다. 도마는 결국 당시 왕궁을 지을 목수를 찾으려온 군다팔 왕의 하인 아반에게 노예로 팔려 인도로 간다. 그는 인도에 가서 복음을 전하고 교회를 세우고 나중에 순교하였다고 전하여진다. 물론 이 도마행전의 신빙성과 심지어 군다팔이라는 왕이 없었다고 역사성을 부정하는 자들이 있었지만 1834년 아프가니스탄의 카불계곡에서 군다팔의 동전이 발견됨으로 어느 정도 역사성이 입증되었다.

그러나 92년 도마 이후 성 도마교회는 지도자 부재로 약하여진다. 180년 경 이집트 알렉산드리아 교회는 오리겐과 클레멘트의 선생인 판테누스(Pantaenus)를 인도에 파송한다. 그는 시실리 출신이지만 기독교로 개종한 후 알렉산드리아로 가서 신학자가 된다. 그는 헬라 헬라어와 헬라 철학에 능통한 자이면서도 탁월한 성경 주석가였다. 제롬은 판테누스는 인도의 브라만 계층과 인도 철학자들을 상대로 선교하였다고 기술한다. 인도 기독교 사가들은 판테누스가 인도에 온 것을 크게 언급하지 않고 의심하는 자들이 있으나 클레멘트와 오리겐의 저서에는 인도 브라만이나 힌두교 성자들을 언급하고 있다. 인도 교회사가들은 도마교회는 처음부터 인도의 브라만 계층들을 상대로 전도하였다고 말한다.

에데사에는 신학교와 수도원도 있었다. 기독교의 수도원의 기원은 시리아 설과 이집트 설로 나누어지는데, 영국의 성경학자 브루스(F. F. Bruce)는 이집트에서 시작된 수도원은 힌두교의 영향으로 본다. 그러나 시리아 기독교도 일찍부터 금욕적 생활의 수도원을 발전시켰다. 안디옥 출신의 네스토리우는 수도원에서 수학하였다.

에데사에 기독교가 전파된 역사는 아주 흥미롭다. 당시 시리아의 왕국은 오스로혼(Osrhoene)으로, 왕은 아브갈 5세(Abgar V)였다. 그는 예수님에게 자기 병을 고쳐달라고 편지를 보내었다고 유대인 교회사가 유세비우스가 기록한다. 예수님은 편지를 받고 회신을 하는데, 이 편지는 후일 서구 기독교회에서도 병자를 고치고 마귀를 아내는 신통력이 있는 것으로 소중이 보관되었다고 한다. 이 이야기는 신뢰성이 떨어지는 묵시록(Apocalypse or Apocalyptic)에 근거한다.

인도 도마교회는 아시아에서는 가장 오래 된 기독교회 중의 하나이다. 만약 이 교회가 성경적 기독교로서 좋은 지도자들의 지도하에 계속 부흥하는 교회가 되었더라면 인도 사회를 변화시키는 위대한 변화 요인자(change agents)가 되었을 것이라고 상상해 본다. 하지만 불행하게도 도마 교회는 힌두교화 너무 타협한 교회로 알려지고 있다. 인도의 복음주의 지도자들은 이구동성으로 도마교회에 대하여 부정적이다. 네스토리안 이전에 이미 인도에 전파된 기독교회는 단성론과는 무관한 신학을 배경으로 하였다고 본다. 인도 기독교는 네스토리안 이전과 이후로 구분되어야 할 것이다. 그런데 지금 초기에 전파된 인도 기독교 신학은 다 타협한 신학으로 부정적인 평가를 받고 있다.

이 문제에 대하여는 최근 인도의 신학자 조지는 저서 "역사적으로 본 인도기독교"에서 초기 남부 인도 기독교는 처음부터 "셈족 뿌리의 기독교를 힌두교의 정서에 적응시켰다. 그러나 당시 시리아 교회 성직자들의 설교와 예배는 시리아어로 하여 인도 신자들이 알아듣지 못하였다."라고 말한다. 5)즉 초기 인도 기독교는 힌두교와 타협하였다는 것이다. 조지 박사는 후기 인도 기독교 신학도 인도 문화와 타협한 신학이라고 말한다. 인도 신학자들은 기독교는 너무 배타적이고 교리적이고 권위주의라는 힌두교의 비난을 많이 수용하였다는 것이다. 인도 기독교 선교 지도자 죠셉 드수자도 영국 신민지 시대에도 암베트카르, 폴로 같은 비기독교 지도자도 카스트 제도와 그 제도를 지지하는 종교들을 거부하려고 하였는데 "남인도의 기독교 분파들 가운데 몇 개는 카스트 제도를 받아들였고 압제적인 제도에 대한 대안을 제시하지 않고 도리어 브라만화 되었다고 개탄한다."6)

하지만 도마교회의 혼합주의적 신앙형태는 포르투갈의 가톨릭 신부들에 정죄당하고 만다. 1599년 도마교회 신자들의 신앙생활과 습관을 관찰한 가톨릭 신부들은 도마교회 신자들의 전통적인 관습과 행위는 "이교적 힌두교"라고 평가한다.

인도에서 오래 동안 선교한 영국인 선교사 브라운도 도마 교회 신자들의 신앙형태와 사회생활에 아주 부정적이다. 그들은 불가촉천민들을 아주 경멸하여 육체적으로 그들과 접촉하면 바로 부정을 탄다고 목욕을 한다.[7] 지금도 인도에는 불가촉천민(The Untouchables)이 있다. 우리말로 하면 양반들은 이들 몸에 손을 대면 부정을 탄다고 하여 특수한 약초물을 몸에 뿌리든지 목욕을 해야 한다. 이것은 물론 하나님 앞에서 만민은 평등하다는 기독교 원리와는 거리가 먼 행동을 하는 셈이다. 도마교회는 지금도 도마의 십자가를 자랑하는데, 무덤의 십자가에는 성경 구절이 있으나 조각에는 불교의 상징인 연꽃도 그려져 있다. 이것은 비단 인도 기독교회의 역사만 그런 것이 아니다. 시리아 교회사에서도 이와 유사한 것이 나타난다.

인도 기독교를 더 언급하면, 4세기에 이미 신학논쟁이 있었다. 현대신학으로 말하면 아르미니안 신학과 칼빈주의 신학으로 비유되는 신학논쟁 이야기가 있다. 내용은 원숭이는 새끼를 등에 업고 나무 위를 이동하는데, 고양이는 새끼를 입에 물고 이동한다고 등에 업힌 원숭이 새끼는 자기 힘으로 어미 등을 꽉 잡아야 한다. 이것은 구원에서 인간의 책임을 강조하는 재미있는 비유이다. 전자는 아르미니안을, 후자는 하나님의 주권을 강조하는 장로교를 빗대었다는 것이다.

인도의 기독교는 2세기에 대승불교에 많은 영향을 주었다는 것은 비교 종교학자들이 이미 거론한지가 오래되었다. 여기에 대하여 한국 불교는 도리어 예수님이 인도에 와서 불교를 배워갔다고 하는 내용의 비디오도 제작하였고 저서도 내었다. 그러나 최근 일본에서는 평신도들이 중심이 되어 일본 불교 속에 기독교의 흔적을 찾는 운동이 대대적으로 전개되고 있다. 신도에는 유대교의 영향이 아주 많다는 것을 이미 유대 랍비가 책을 써서 일본어로 출판되었다. 허대전 박사는 한국의 대승불교는 중국 남서지방에서 만났다고 하는데, 그 근거로는 대승불교의 교

리 중에 영원한 신성, 구세주 부처, 대속, 오는 메시야 부처의 도래, 기도, 천당이다.8)

5. 네스토리안의 아시아 선교

도마 기독교 이후 시리아의 네스토리안 기독교는 중앙아시아는 물론 중국에까지 적극적으로 선교를 한다. 첫째 단계로 네스토리안은 아라비아와 페르시아에 선교사를 파송하며, 페르시아에서 박해를 받던 네스토리안 신자들 약 400명이 집단 이주로 현재의 마드라스에 도착하여 교회를 설립하고 장로를 세웠다. 네스토리안 선교사들이 7세기와 8세기에 티베트, 네팔, 일본, 캄보디아, 태국에까지 왔다는 설이 있다. 신빙성 있는 역사적 자료는 부족하지만 이들 나라에서 발견된 크고 작은 불상이나 조각에서 십자가, 마리아 상 등 기독교 상징물들이 많이 발견되었다. 일본의 일부 학자들과 목사들은 일본 불교속의 기독교를 전문적으로 연구하는 자들이 있다. 이들은 무시할 수 없는, 많은 증거를 제시하는데, 이와 유사한 것이 티베트에도 있다. 19세기 독일학자들이 티베트에서 네스토리안 기독교가 전해진 고문서와 불상에 새겨진 십자가 상을 발견하여 하계에 소개하였다.

1) 아라비아 선교 역사

먼저 아라비아에서 네스토리안 선교를 논하기 전에 연구할 과제는, 초대 기독교 시대 때 아라비아에 복음이 전하여졌다는 사실이다. 사도행전 2장 11절에 오순절에 아라비아에서 온 유대인 디아스포라들이 자기 언어로 베드로의 설교를 들었다. 영어성경 NIV는 아랍인들(Arabs)로 번역하였다. 혹자는 이들을 아랍 대상으로 해석하기도 한다. 당시 아랍 대상들이 예루살렘까지 장사하러 다녔다는 것이다.

제자 중에 아라비아로 간 자는 바울이다. 바울은 다메섹 도상에서 예수님을 만난 후 바로 아라비아고 가서 3년을 머물렀다고 한다. "또 나보다 먼저 사도된 자들을 만나려고 예루살렘으로 가지 아니하고 아라비아로 갔다가 다시 다메섹으로 돌아갔노라 그 후 삼년 만에 내가 게바를 방문하려고 예루살렘에 올라가서 그와 십오 일을 머무는 동안 주의 형제 야고보외 다른 사도들을 보지 못하였노라"(갈 1:17-19). 에크하드 슈나벨은 그의 저서 초대 "기독교 선교"에서 갈라디아 1장 16절을 근거로 바울이 아라비아에서 이방인들에게 복음을 전한 것으로 단정한다.9) 16절은 인용하면, "그의 아들을 이방에 전하기 휘하여 그를 내 속에 나타내시기를 기뻐하셨을 때에 내가 곧 혈육과 의논하지 아니하고" 다음 절은 바울이 다메섹에서 바로 아라비아로 갔다가 다시 예루살렘으로 다른 사도들을 만나러 갔다고 한다.

바울 당시 아라비아는 나바티안(Nabataeans) 왕국으로, 왕은 아레타스 4세였다. 아레다란 이름은 고린도후서 11장 32절에 언급된다. "다메섹에서 아레다 왕의 고관이 나를 잡으려고 다메섹 성을 지켰으나" 당시 시리아는 나바티안 왕국의 속국이다. 영어 본문은 고관은 지사 혹은 총통에 해당된다. 바울은 가말리엘 문하생으로 다소에서 공부할 때 아라비아를 알았다고 한다. 아라비아 사막에는 많은 유대인들이 살았는데, 유대인들은 나바티안 왕국의 사람들을 이스마엘 후손이라고 생각하였다.

이사야 60장 6-7절을 인용하면, "허다한 낙타, 미디안과 에바의 어린 낙타가 네 가운데에 가득할 것이며 스바 사람들은 다 금과 유황을 가지고 와서 여호와의 찬송을 전파할 것이며 게달의 양 무리는 다 네게로 모일 것이요 느바욧의 숫양은 네게 공급되고 내 제단에 올라 기꺼이 받음이 되리니 내가 내 영광의 집을 영화롭게 하리라." 7절의 느바욧은 영어로 Nebaoth으로 나바티안이라는 것이다. 이사야 선지자는 아라비아에도 하나님을 찬양하면서 제물을 가져오는 자들이 있을 것으로 예언하였다.

이상 구약 예언대로라면 아라비아에 정통기독교회가 존속했어야 한다. 그러나 바울이후 325년 니케아 공의회에 아리비아에서 6명의 주교가 대표로 참석하였다고 한다. 적어도 250년 동안 아라비아에 어떤 기독교회가 세워졌는지는 역사에 기록이 없는 것 같다. 학자들은 일반적으로 아라비아에 전파된 기독교는 단성론 이단, 콥틱 기독교, 사베안파 기독교라고 추측한다. 즉 네스토리안 이전에도 정통 기독교회는 아라비아에 전하여지지 않았다는 것이 교회사가들의 견해이다. 그래서 무함마드는 정통 기독교회를 접하지 못하고 네스토리안 목사만 만났다고 역사는 말한다.

512년 현재 카타르 왕국 지역의 히르타(Hirtha)라는 왕이 기독교를 받아들여 아라비아와 현재의 예맨 지역에 교회가 부흥하기 시작하였다. 하지만 무하마드 이전 50년 동안 기독교회는 유대인과 이교도와 무자비한 전쟁을 하였고, 교리 논쟁을 심하게 하였다. 당시 교리 논쟁에 개입된 기독교회는 아리안 파 그룹, 사베리안 파(Sabellian), 네스토리안이다. 사베리안파 기독교는 지금도 이라크와 이란에 소수로 남았는데, 세례요한의 세례를 고집하는 특수한 기독교 종파이다.

무함마드 등장 이전 아라비아 교회는 교리 논쟁 외에 기독교의 이미

지를 실추시키는 큰 사건이 있었다. 567년(무함마드 출생은 570년) 신자인 예맨 왕은 사나(현 예멘의 수도임)에 성당을 세워 메카와 라이벌이 되게 그런데 성당을 모독했다는 이유로 이교도들인 코레에쉬 부족을 무참하게 죽이는 잔인한 일을 했다. 그로 인하여 나중에는 기독교 신자들이 무하마드와 큰 전쟁을 벌여 패배하고 말았다. 코란 15장에 나오는 코끼리 전쟁은 바로 이 전쟁이라는 것이다. 이 주장에 의하면 아라비아 왕은 참된 기독교 정신을 보여 줄 놀라운 기회를 상실했다는 것이다. 무함마드가 아라비아 반도를 평정하면서 기독교는 아라비아 반도에서거의 사라지고 만다.10)

2) 무함마드와 바하라의 만남

여기서 우리는 무함마드와 네스토리안 승려 바하라(혹은 바히라)의 만남을 잠시 소개할 필요가 있다. 무함마드는 대상인 주인을 따라 여행을 많이 하였다. 이슬람 역사는 무함마드가 9살 때 네스토리안 승려 세르기우스 바하라(Sergius Bahara, or Sergius Bahirs)를 만나 그의 집에서 하루 밤 잤다고 한다. 세르기우스의 집은 현재 시리아에 있는데, 필자는 시리아 내전 전 그의 집을 지나가면서 보았다. 작은 집이다. 무함마드는 가브리엘 천사에게서 모든 계시를 받았다고 하지만 이단으로 취급되는 세르기우스로부터 외경(정경이 아닌 가경)을 들었다. 그러나 코란에 나오는 성경과 관련된 내용 상당부분이 성경과는 다르다. 마리아를 미리암으로 말한 것 등 그 이유는 세르기우스가 준 성경 지식은 가경이었다고 한다. 무함마드는 무식자이다. 만약 그 승려가 정확한 기독교 교리와 성경을 가르쳤다면 역사가 달라지지 않았겠느냐 하는 기대 섞인 가정법을 해 본다.

미국의 반즈라는 목사는 바울이 불타는 선교열정으로 사람이 많은 곳에서 복음을 전하고, 오리겐이 아라비아에서 명상 대신에 복음화를 하여 아라비아에 교회가 개척되어 우상들을 제거하였다면 무함마드가 거짓 선지자가 되지 않고 아라비아의 마르틴 루터가 되었을지 모른다고 하였다. 오리겐이 아라비아에 갔는지는 우리로서는 확인할 수 없다.

3) 페르시아 네스토리안 선교

페르시아와 기독교의 접촉은 동방 박사 세 사람으로 시작한다. 전설적인 이야기이지만 아기 예수님을 경배하러 온 동방 박사는 페르시아에서 왔다는 것이다. 마태복음의 박사는 영어로는 마기(magi)인데, 이들은 페르시아의 승려들로, 이들은 당시 가경을 통하여 기독교를 알았다.

오순절 때 "바대인과 메대인과 엘람인과 또 메소포타미"에서 유대인과 혹은 유대로 개종한 자들이 왔다(행 2:9). 교회사가 아스무센(J. Asmussen)은 이들이 돌아가서 페르시아에 교회를 세워 핵심 멤버가 되었다고 말한다. 신자들은 주로 메소포타미아 지역에 집중되어 있었는데, 이들은 시리아를 말하는 자들이었다. 페르시아에는 박사들이 아기 예수를 방문한 전설적 이야기가 너무 많다고 한다.[11] 5세기 시리아에서 추방당한 네스토리안 신자들이 그리스와 로마식의 기술을 습득하여 사산 왕조에 기여하였다. 이들은 목동, 기계공, 직물공 외에 수공업의 기술자로 일하면서 선교를 하였으나 후일, 이슬람의 침공으로 박해를 받았다.

기독교는 페르시아에 전파되어 교회가 한때 왕성한 적이 있었다. 사산 왕조 때 기독교는 호황을 누렸다고 말할 수 있다. 시리아어로 된 기독교 문서가 번역되었고, 많은 교구가 형성되었다. 325년 니케아공의회 때는 대표도 파견할 정도였지만 네스토리안은 수입 종교라는 이유로 많은 박해도 많았다. 콘스탄틴 대제가 기독교를 공인하자 사산 왕조는 기독교 신자들을 로마제국의 스파이로 의심하였다. 그리하여 인도로 피한 자들은 인도에 가서도 선교활동을 전개한다.

페르시아의 네스토리안은 다른 종교와 타협하지 않았다. 오히려 이슬람에 대하여는 철저히 배타적이었다. 그러나 페르시아의 종교인 조로아스터로부터 엄청난 박해를 받는다. 40년 동안의 박해에서 무려 3만 명 이상 순교하였다.

4) 중국의 경교 선교 역사

학자들은 중국에 전파된 네스토리안을 경교라고 부르는데, 그 명칭은 당의 임금이 부여한 것이다. 중국에 네스토리안을 전하파한 자들은 페르시아의 네스토리안들이다. 당나라 때 경교는 왕실의 지원을 받아 크게 발전하여 서기 781년 장안에 경교 비문을 세웠는데, 이 비문은 중국의 경교 연구에 대단히 중요하다. 페르시아에서 온 경교 선교사 알로펜(Alopen)은 당시 당 황제로부터 환대를 받았으며 '수도 장안의 대영주(大靈主), 제국의 수호자'로 임명되었다. 태종은 경교를 연구하고 다음과 같이 포교를 명령하였다고 한다. "이 교는 도덕적으로 숭고하고 심오한 신비성을 풍부히 가지고 평화를 존중하는 종교임으로 나라가 공인하는 종교로 한다." 그리하여 장안에 수도원이 건립되고 많은 신도와 사원이 있었다. 경교는 당의 숙종, 대종, 덕종 3대에 걸쳐 왕성하여 관리 중에 이사는 경교의 승으로서 경교발전에 기여하기도 하였다.

1620년경에 발견된 경교비는 기독교에 큰 충격을 주었다. 그러나 경교비를 둘러싸고 진짜냐 가짜냐의 학설이 제기도 하였다. 당 비문에 기록 된 네스토리안 교리는 중국 종교와 혼합되었다는 주장에 대부분 학자들이 동의한다. 마펫 박사는 그 원인에 대하여 동정적으로 말한다. 성경이나 신학 용어를 다른 언어로 번역하는 일은 지금도 어려운데, 7세기 신학이나 성경지식이 발전하지 못한 시대에 네스토리안 신자가 어려운 중국어로 기독교 교리를 번역한다는 것은 쉬운 일은 아닐 것이다. 네스토리안이 신학자나 성경을 잘 아는 전문가가 있었다고 보기 어려울 것이다. 그럼에도 불구하고 번역 된 내용은 기독교의 본질과는 너무나 다르다는 것을 무조건 긍정적으로만 수용할 수 없을 것이다.

당 비문에 기록 된 경교의 신앙은 하나님을 하늘과 땅과 바다를 창조하신 하나님으로, 그리고 그의 형상으로 인간을 만드시고, 모세를 통하여 율법을 주시며 선지자들에게 영을 부어주시며 마지막으로 세상에 그리스도를 보내심을 말한다. 창조, 타락, 메시야 출생 등을 언급하고 있으나 그러나 십자가와 부활에 대하여는 언급이 애매하며, 신앙은 인간의 마음을 기쁘게 하고 산자를 번영케 하며, 죽은 자를 기쁘게 한다. 신자의 덕으로서 사랑, 자비, 친절, 인간의 평등을 가르친다. 특이한 것은 노예와 빈부귀천이 없음을 강조하는 점이다. 예배는 금식, 명상, 하루에 7회 예배를 보는데, 산자와 죽은 자를 위하여 기도한다. 매 7일마다 성찬식을 행하며 또한 동쪽을 향하여 절하고, 예배 시에 목탁을 쳤다고 한다.[12]

라토렛은 당나라 때 경교실패의 첫째 원인으로, 경교는 중국에서 계속 외국인 종교로 남았고, 상류층의 외국인이 전도하여 교회를 운영할 원주민 지도자 양성에 실패한 점을 들고 있다. 둘째로 당시의 사람들은 새 종교에 대한 열망이 없었고 불교가 이미 영적 공백을 메우고 있었으며 경교는 불교의 한 종파로 간주되고 말았다는 점이다. 그 이유는 기독교 교리를 불교적 용어로 표현한 것이다. 셋째로 신자들을 관리하는 선교사가 멀리 있었다.13) 마펫은 경교 실패 원인은 첫째로 신학적으로 혼합주의였다는 것을 지적하고, 둘째로 중국인 목회자를 세우지 않았고, 셋째는 교회의 사회적 교양적 수준이 중국인 지식인들이나 정치가들 보다 떨어졌다는 것을 지적한다.14) 더 부가하여 설명한다면, 당 태종 이후 다음 왕들은 불교를 권장하고 기독교를 핍박하였는데, 여기에는 불교가 큰 역할을 하였다. 많은 사람들은 불교는 관용의 종교라고 말하지만 아시아 선교역사를 읽으면서 불교의 이러한 관용은 무언가 잘못 이해된 것 같다. 지금도 불교는 기독교에 저항적인 종교이다. 동남아 현실을 그것을 잘 보여준다.

5) 중앙아시아 네스토리안 선교 역사

아시아(이후 중아로)에서 기독교 역사는 오래 되었지만 기독교가 거의 사라지고 만다. 실크로드는 동과 서를 연결하는 무역의 통로가 되지만 동시에 종교가 전파되는 통로가 되기도 하였다. 마펫 박사에 의하면 5세기와 6세기 페르시아의 정치 불안과 네스토리안 기독교에 대한 박해가 심하여지자 일부 네스토리안들과 기독교로 개종한 노예들이 가까운 중앙아시아와 카스피 해 지역까지 피난을 가서 복음을 전파하고 교회를 세웠다고 말한다. 중앙아시아에서 네스토리안 기독교를 받아들인 종족은 투르크로 말하지만 실제로는 훈족(흉노족)이었다. 페르시아에서 박해를 피한 네스토리안들은 인도와 중앙아시아로 이동하였다. 이들은 서부 중앙아시아를 경유하여 투르크메니스탄에까지 왔고, 지금의 우즈베키스탄의 사마르칸트에까지 와서 교회를 세웠다. 네스토리안 기독교는 사마르칸트에서 급성장하여 628년에서 634년까지 사마르칸트는 대주교의 관구였다. 네스토리안 기독교는 중앙아시아에 다수 인종인 투르크인 사이에 기독교가 광범위하게 퍼져 신자가 8백만 명이나 되었고 투르크 신약성경까지 있었다고 한다. 한 왕은 네스토리안 신자가 되었다고 한다. 위구르는 한 때 기독교가 성행한 나라였다. 몽골제국 때 가톨릭은 두 선교사를 몽골에 파송하는데, 한 선교사 이름은 윌리암 루브룩 (William of Rubruck)이다. 그는 교황청에 보낸 보고서에서 위구르 모든 도읍에 네스토리안 신자들이 있었다고 말한다. 루브룩의 편지는 아시아 교회사에 많이 인용되는데, 그러나 그는 가톨릭 사제였기 때문에 네스토리안을 이단으로 여겼다. 따라서 당시 네스토리안에 대한 그의 보고는 신뢰성이 약하다고 마펫 박사는 지적한다.[15]

한때 기독교가 강하였던 중앙아시아가 어떻게 이슬람 국가가 되었는가? 결정적인 사건은 750년 당 나라 군대와 아랍군대가 지금의 카자흐스탄에 있는 탈라스 강 전투에서 고구려 유민 출신 고선지(高仙芝) 장군이 이끄는 당 나라 군대가 대패하자 중아는 이슬람 국가가 된다. 아시아에서 이슬람, 불교, 힌두교는 왕이나 추장이 종교를 결정하는데, 중아도 많은 부족장들이나 왕이 이슬람을 자가 나라로 종교로 정착시키었다. 중앙아시아를 기독교에서 이슬람으로 바꾸는데 기여한 종족이 있다면 투르크 족일 것이다. 이미 언급한대로 투르크족 중에는 네스토리안 신자들이 많았지만 대부분의 투르크 추장들이 순종을 잘하고 전쟁에서 죽는 것을 순교로 간주하는 이슬람을 더 좋아할 수밖에 없었을 것이다.

투르크가 이슬람을 받아들이게 된 결정적인 원인은, 당시 중앙아시아는 중국 문명과 이슬람 문명의 중간지대였다. 그러나 중국은 투르크를 오랑캐로 취급하였기 때문에 반(反)중국 정서가 이들로 하여금 이슬람으로 돌아서게 하였다고 해석한다. 징기스칸은 이슬람의 동진을 막는데 기여하였다고 말하는 학자들이 있으나 징기스칸 사후 몽골 제국은 네 아들들이 분할 통치하는데, 서북쪽의 몽골제국은 이슬람화되고 말았다. 당시 모든 통치자들은 종교를 제국 통일의 이데올로기로 삼는데, 징기스칸은 종교 관용정책으로 인하여 특정 종교에 취우지지 않았다.

6) 몽골의 네스토리안 선교 역사

'용감한' 뜻을 의미하는 몽골이 징기스칸의 등장으로 한때는 세계적 왕국이었다. 몽골제국 때 아시아에서는 기독교가 가장 왕성하였던 때인지도 모른다. 사무엘 마펫은 징기스칸의 몽골과 기독교를 다음과 같이 언급한다.

> 다른 혁명의 변화들과 마찬가지로, 이 '몽고의 평화'의 시대는 "최상의 시기이며 최악의 시대였다." 평화의 인물은 아니었지만, 그럼에도 불구하고 징기스 칸은 13세기 아시아 격동의 역사 가운데 일찍이 "로마의 평화" 세기와 같이 기독교가 확장하는 길을 준비해 준, 짧은 기간의 상대적인 평화와 대륙의 통합, 그리고 종교의 자유 등, 하나의 일시적인 막간(interlude)을 세웠다. 그러나 기독교인의 희망과 진보의 시대를 불시에 종지부 찍은 인물은 1세기 반 이후의 타머레인(Tamerlaine)이

었다.16)

　위의 인용문에서 티무르 제국의 왕인 타머레인이 기독교의 희망과 진보의 시대를 종지부 찍었다는 것은 그가 엄청나게 기독교를 박해하여 몽골 제국에서 기독교가 사라지게 하였다는 것을 언급한 것이다. 그러나 징기스칸의 몽골 시대가 아시아에서는 기독교가 한때나마 왕성하였고 왕들의 보호를 받았다. 몽골은 이슬람과 많은 전쟁을 하는 과정에서 이슬람에 대한 적개심을 가진 것이 기독교에 유리하게 작용한 셈이다. 그러나 몽골 제국이 기독교에 우호적이었지만 로마제국의 콘스탄틴처럼 기독교로 개종하여 몽골을 기독교 국가로 만든 왕은 없었다.

　네스토리안 선교 연구는 주로 서양 학자들에 의존하는데, 아시아인으로 몽골 기독교를 수십 년 연구한 자는 일본 고고학자 에가미 나미오(江上波夫)이다. 그는 1935년 몽골 정부의 허락 하에서 몽골의 기독교 흔적을 연구하고 최근 대작 『몽골제국과 기독교』를 저술하였다.17) 본서는 투르크 몽골인인 온구트 부족이 네스토리안 기독교를 받아들였다는 고고학적 증거를 제시한다. 그의 이론은 투르크 몽골인 온구트 부족들은 기독교를 받아들여 당시 동과 서를 연결하는 문화적으로 가교 역할을 하였다는 것이다.

　몽골에 처음 기독교가 들어 온 때는 적어도 7세기로 본다. 당나라에 이미 네스토리안 기독교가 성하여 몽골에도 들어 온 것으로 확신한다. 선교에 열정적인 네스토리안 선교사들이 실크로드를 타고 직접 몽골을 방문하였거나 아니면 그들이 개종시킨 중국인들 가운데 몇몇이 당나라 시대(618-906)에 이곳을 방문했을 가능성을 배제할 수 없다. 이 사실을 확증해 주는 그럴듯한 흥미 있는 증거는 당나라를 뒤이은 중국 송 왕조

시대에(960-1280), 기독교는 경멸스러운 몽골인들의 신앙으로 간주되었고 또한 이 때문에 탄압 당하였다. 그러나 이 시대에 전파된 네토리안 선교에 대한 신뢰할 만한 자료가 부족하다.

몽골에 네스토리안 기독교가 들어와서 왕성하였든 때는 13세기이다. 한국에서 선교한 허대전 박사는 일본을 침략한 몽골 군인들의 군복에서 십자가 문양이 있었다는 것을 강조한다. 즉 일본 바다에 떠 있는 몽골군대 갑옷 문양에 십자가가 있었다는 것이다.

12세기에 네스토리안 선교사들은 고비 사막의 북쪽으로 들어와서 케라이트 부족을 복음화 시켰고, 그 결과 그 부족 통치자와 백성들의 일부가 기독교인이 되었다. 징기스칸이 몽골의 제 부족들을 정복하였을 때 칸은 당시 기독교화 된 케라이트 족들과 손을 잡고 그들의 수도인 카라코룸을 수도로 하였다. 당시 케라이트 부족에는 20만 명의 신자가 있었다. 그런데 에가미는 당시 경교는 몽골의 온구트 부족을 완전히 복음화 하였다고 주장한다. 이것은 사무엘 마펫이나 다른 학자들이 투르크 몽골족인 케라이트 족들이 기독교화 되었다는 이론과는 다른 것이다. 에가미는 온구트 부족과 기독교와의 상관관계를 많이 연구하였는데, 그는 온구트 부족도 같은 투르크인으로, 시리아 기독교의 영향 하에 있었다는 것이다. 그런데 이 온구트가 징기스칸과 혼인관계를 맺어 공생공존 하였고, 이들은 동과 서를 연결하는 가교 역할을 하였다. 온구트 족들이 믿었던 기독교는 바로 네스토리안 기독교임을 동방을 여행한 마르코 폴로, 몬테 코비나, 오도리코 다 폴데논이 유럽에 소개하였다. 온구트 족들은 가톨릭 선교사들을 만나면서 가톨릭으로 개종하였다고 한다.

당시 몽골이 왕족 중에서 신자가 된 사람은 쿠빌라이의 어머니였다.

중국 원나라 초기에 모반을 일으킨 몽골 왕자 나얀(乃顔, 내안)은 중국의 네스토리안인 경교 신자로서 전쟁할 때는 십자가를 들었다고 한다. 그러나 그는 십자가를 들었음에도 불구하고 패하여 기독교를 버렸다. 몽골 왕족 중에서 가장 역사적으로 크게 소개되고 존경받는 자는 징기스칸의 며느리 소라칵타니(Sorakaktani)이다. 그녀는 후일 원나라의 황제가 되는 쿠빌라 칸(Kublai Khan: 1215-1294) 의 어머니다. 그녀의 남편 토루이는 용감하면서도 술을 좋아하는 위대한 장군이었는데 불행하게도 일찍 죽고 말았다. 소라칵타니는 42세의 젊은 나이에 과부가 되자 징기스칸의 뒤를 이은 형 오게타이는 그의 아들과 결혼할 것을 제의하지만 그녀는 네 아들을 훌륭한 사람으로 키우는데 생을 바치겠다고 거절한다. 후일 아들 쿠빌라이 칸은 원의 황제가 되지만 아쉽게도 어머니의 신앙을 물러 받지 않고 모든 종교는 다 같다는 다원주의자가 된다. 칸의 부인은 독실한 불교신자였다. 칸은 중국에서는 불교보다 유교가 더 비중이 있다는 것을 깨닫고 유교를 적극 지원하였다. 그러나 칸은 후일 어머니에게 황후의 명칭을 부여하고 기독교에도 우호적인 정책을 폈다고 한다.

그러나 몽골 기독교 역사에서 가장 드라마틱한 이야기는 쿠발라이 칸이 마르코 폴로 일행을 통하여 교황청에 보낸 편지이다. 쿠빌라이 칸은 1271년 로마 교황청에 "기독교 신앙이 가장 위대하다는 것을 가르칠 수 있는 선교사 100명을 보내어 주십시오, 그러면 나와 내 백성들은 다 신자가 될 것입니다."라고 요청하였다. 그러나 교황청은 당시의 유럽의 정치적 불안으로 선교사 두 사람만을 보내었지만 중도에서 실패하였다는 기록이 있는데 이것은 제도권 교회는 선교를 하지 않는다는 증거로 항상 거론되기도 한다.

쿠빌라이 칸의 요청으로 도미니크 수도사들과 프란시스코 수도사들이 한때 6,000명의 개종자를 얻었다는 보고가 있으나 그 대부분은 기존의 네스토리안 신자가 개종한 것이기 때문에 선교 열매로 보기에는 다소 무리가 있다. 또한 이들 개종자들의 대부분은 몽골 황제들의 비호와 신뢰를 받고 있던 외국인들이었다. 따라서 쿠빌라이 칸의 원 왕조가 몰락했을 때 기독교에 대한 반대가 급격히 일어났고, 복음 증거의 종말이 외딴 몽골 지역에 500년 동안 내려지게 되었다. 원나라의 몰락은 몽골 자체의 선교는 물론 나아가 아시아 기독교 선교가 사실상 차단되는 결과를 가져왔다. 더 불행한 것은 나중에 칸은 티베트의 라마교 승려를 초청하여 몽골을 불교화 하고 말았다.

쿠빌라이는 네스토리안 신자지만 그의 신앙은 지금으로 말하면 전형적 다원주의 사람이었다. 그는 당시의 4 종교의 "선지자들을" 다 존경한다고 하였다. 즉 기독교의 예수, 사라센의 마호메트, 유대의 모세와 불교의 석가모니이다. 그럼에도 그는 기독교 문제를 다루는 기구를 설치, 1291년에 시리아의 경교 신자 이사(Isa)를 이 자리에 임명하였다. 심지어 라반 사우마(1225-1294)는 주교가 되었다가 페르시아로 가서 후일 바그다드의 주교가 된다. 그는 1287년 교황 니콜라스 2세와 프랑스 왕을 만나 서구 십자군과 몽골군이 연합하여 이집트의 이슬람 군대를 저지할 것을 주선하기도 하였지만 그 일은 성사되지 못하고 말았다.

당시 몽골에 기독교가 뿌리를 내리어 몽골이 Pax Mongolia가 되었더라면 아시아 역사가 완전히 달라졌을지 모른다. 당시 몽골을 방문한 루브룩의 윌리암은 황제 구육 칸(일명 Great Khan) 앞에 설 때 두려워 "신이여 나를 불쌍히 여기소서!"(miserere mei Deus)라고 마음속으로 기도하였다고 하며, 궁전에서 잔치가 벌어졌는데 여러 인종과 종교가 섞인 것을 목도하였다. 더 놀라운 사실은 기독교인, 무슬림, 불교 신자들이 서로 논쟁하는 것을 보았다고 증언한다. 3대 칸으로 어거데이 칸의 아들인 구육 칸은 종교의 중요성을 인식하였다. 그래서 어느 특정 종교에 치우치지 말고 동등하게 대하고 승려들도 존경으로 대할 것을 지시하였다고 한다. 칸은 몽골은 사막 국가이고 야만인들이지만 불교, 마니교, 이슬람, 기독교 등 다양한 종교로 문명국이 된 것을 깨달았다는 것이다.18)

몽골이 중국을 지배하였을 때 기독교 신자는 3천명도 되지 않았다고 한다. 그러나 후일 불교가 정부에 압력을 가하여 네스토리안 기독교를 박해하였다. 원 나라가 망하게 되자 명나라는 철저히 중화 민족주의 이념으로 원 나라의 모든 종교와 문화를 뒤집는 정책을 펴서 결국 기독교도 서서히 사라지고 만다. "명나라를 세운 한족들은 몽골인 야만인들은 지배받기 위하여 태어난 사람들이지 지배자로 태어난 것은 아니라."라고 하면서 몽골인들을 야만으로 취급하였다. 따라서 기독교도 몽골의 종교로 박해를 당하였다. 원나라 멸망하면서 네스토리안도 사라지고 말았다.

6. 왜 아시아에서 기독교는 사라졌는가

20세기 초기 한국에서 선교한 게일 박사는 "아시아 전역이 복음을 받았으나 다 잃어버렸다."19)고 하였다. 사무엘 마펫 박사는 아시아 교회사 1권 결론 부분 '그림자 교회'(The Church in the Shadows)에서 초기 아시아 기독교회가 사라진 이유를 아주 길게 설명한다. 마펫 박사는 그 이유를 기독교를 박해하는 아시아의 외부적 조건과 기독교 자체의 내부적 원인을 동시에 기술한다. 그러나 독자들 읽기에는 기독교 내부에 문제가 많았다는데 비중을 두는 것 같다.

초기 아시아 기독교는 처음부터 신학적으로 문제가 있었다고 본다. 인도의 도마교회는 힌두교 우상과 타협한 기독교이다. 윤리적으로도 기독교인으로서의 정체성을 보여주지 못하였다. 힌두교 학자 메논(K. Menon)은 도마교회를 문화적으로 힌두교, 종교로는 기독교, 예배 의식은 동양적이라고 단정하였다(Hindu in culture, Christian in religion and oriental in worship).[20]

5세기 이후 아다나시우와 아리우스 논쟁 이후 아시아 기독교회는 아리우스를 따랐다. 시리아 기독교회가 수출한 기독교는 단성론 이단과 네스토리안 기독교이다. 아시아 기독교 신학이 문제가 있다는 것은 개신교 선교사들이 아랍의 구교도 크리스천을 선교의 대상으로 삼았다는 데 있다.

서구 개신교 선교사들은 기존 중동의 정교회들의 신학과 신앙을 인정하지 않고 선교의 대상으로 삼았다. 현재 중동의 개신교 신자들은 구 교회에서 재개종한 자들이다. 19세기 중동에 선교사로 간 많은 개신교 선교사들은 중동의 구 교회의 예배에서 많은 이질감을 느끼고 말았다. 아주 난해한 성구 복창, 진한 향냄새, 성상과 초상화, 듣기 좋은 성가, 성직자들의 화려한 복장 등 필자는 구소련이 개방되면서 러시아 정교회를 방문하였다. 러시아 정교회에서도 이와 유사한 모습을 목격하면서 이질감을 금치 못하였다. 동방정교회는 희랍정교회에서 나온 것임으로 유사하다고 보아야 할 것이다.

미국 개혁파 교회 선교사 루이스 스쿠더는 개신교 선교사들은 중동의 구 교회를 대단히 잘못 보았다고 신랄하게 비판한다. 그는 중동 정교회의 미사와 성찬식 중심의 예배의식은 나름대로 기독교의 본질을 유지하면서 성찬에서 그리스도의 임재와 거룩을 체험한다고 변호하였다. 그는 "동방교회에 대한 개신교 선교사들의 태도는 문화적 편견이다. 개신교 선교사들이 동방교회 신자들을 재 개종시키는 것은 동양교회를 서양화(Occidizing the Oriental Church)하는 것"21)이라고 하였다. 우리는 이 말에 동의할 수 있는가?

여기서 필자는 10년 전 중동기독교협의회 회장과 대담한 내용을 소개하고자 한다. 중동기독교협의회는 WCC와 밀접하게 협력하는 산하의 기독교 연합기구이다. 그는 중동의 700만 기독교 신자들의 교리나 의식 등은 너무나 다양하다고 하였다. 그러면서 중동 기독교를 "오래된 교회", "분리된 교회", "이질적 교회"라는 식으로 편견을 가지지 말 것을 주문하였다. 그는 이어서 니케아, 칼케돈공회의 같은 초대 에큐메니칼 대회의 신학적 결정은 종교와 정치에서 통일성을 보존하기 위한 것이었지만 그 회의의 결과는 "정치적, 문화적, 신학적 제요인의 희생이 되어 기독교 공동체의 분열을 초래하였다."라고 비평적으로 말한다. 그는 노골적으로 동방교회가 택한 단성론 논쟁은 신학적으로 오류가 전혀 없다는 것을 강조한다. 칼케돈회의가 단성론을 이단시함으로 이집트교회는 크게 상처를 받아 후일 단성론은 이집트 종교적 민족주의의 표현이 되어버렸고, 이로 인하여 외국인 혐오가 일어났다고 한다. 이집트 콥틱교회는 19세기와 20세기 영국의 점령기간 동안도 기독교 국가에 대항하여 도리어 무슬림과 연합하였다고 한다. 그의 설명은 참고로만 받아들여야 할 것이다.

아시아에서 기독교가 사라진 첫째 원인은 네스토리안은 성경 번역에 힘쓰지 않았다. 경교가 중국에서 성경을 중국어로 번역하였다는 기록을 읽지 못하였다. 마테오 리치가 처음 마태복음을 번역하였다. 자국어 성경이 없는 기독교가 오래 생존할 수 없다고 본다.

초대 아시아 기독교회도 불행하게도 외국 종교로 인식되고 말았다. 인도에서는 시리아인의 종교 혹은 페르시아인의 종교도, 중국에서도 시리아와 페르시아인의 종교로, 원 나라에서는 몽골인의 종교로, 그리고 주로 인종 중심의 게토를 형성하였다. 인도 성도마교회는 힌두교 상층 부류와 하나가 되어 하층민들과는 거의 담을 쌓았다고 한다. 몽골의 네스토리안은 온구트와 케라이트 부족의 종교로, 페르시아에서도 신자들은 게토를 형성, 조로아스트교나 무슬림들과는 상대하지 않는 고립된 교회였다고 한다. 기독교가 사회와 문화변화에 기여하지 못하였다는 것이다.

마지막으로 아시아에서 기독교는 다른 종교로부터 박해를 많이 받아 생존이 거의 불가능할 정도가 되었다. 페르시아의 조로아스트교, 인도와 동남아 불교, 중동의 이슬람, 인도의 힌두교 및 각 나라의 민속종교는 기독교를 철저하게 탄압하였다. 몽골에서만 한때 네스토리안 기독교가 왕들과 귀족들의 보호를 받았지만 기독교를 옹호 내지 보호한 왕이 물러나면, 다음 왕들이나 권력자들은 그럴듯한 이유를 대어 기독교를 엄청나게 억압 혹은 박해하였다. 박해가 가장 심한 것은 티무르 제국의 타머레인(Tammerlane)이다. 그는 자기 나라에서 신자와 반대자들을 수만 명 학살하였으며 인도에서 수만 명의 기독교인들을 살해하였다. 타머레인은 초기 아시아에서 기독교의 "씨를 말린 자"로 표현한다. 13세기 혹은 14세기에 아시아에서 기독교회는 토마교회를 제외하고는 거의 사라졌다고 보아야 할 것이다. 원인을 가혹한 박해에만 돌릴 수 있는가?

결 론

아시아인에 의한 아시아 기독교회는 신학적 요인과 헌신적 지도자의 부재, 영적 생명력의 부재가 원인이 아닐까? 아시아에서 성경적 기독교의 등장은 종교개혁 이후까지 기다릴 수밖에 없었다.

제3장

루터교, 장로교, 모라비안 선교 역사

아시아 종교인 기독교가 아시아인에 의하여 전파되기를 바랐지만 그 것은 헛된 욕심이었다. 결국 복음은 서양 기독교에 의하여 전파되고 말 았다. 우리의 희망사항은 네스토리안에 '남은 그루터기'가 있어서 거기 서 복음의 불이 되살아나 아시아에 선교를 하였더라면 기독교는 서양 종교라는 불행한 꼬리표가 붙지 않았을 것이라고 생각한다.

복음주의 선교운동은 제도권 교파 교회는 선교 부재의 교회로 생각하 고 초교파 선교를 이상적으로 생각하는 경향이 강하다. 많은 복음주의 선교학자들은 가톨릭 수도원이 선교를 주도한 것을 실례로 들면서, 종교 개혁자들은 선교회를 중시하지 않았기 때문에 선교가 약하거나 없다고 주장하였다. 그러나 본장은 종교개혁 이후 루터교회, 청교도들, 그리고 모라비안 형제단의 선교 역사를 서술한다. 이 연구에 가장 중요한 자료 는 1816년에 출판 된 William Brown의 *The History of Missions of the Propagation of Christianity among the Heathen*임을 밝힌다.[1]

본장은 특히 모라비안의 자립 선교에 많은 비중을 두고자 한다. 종교 개혁자들의 우선 순위는 성경적 진리를 먼저 찾는 것이 었다. 종교개혁 당시 가톨릭이 세계 선교를 독점하고 있었다. 여기서 종교개혁 이후 가톨릭 선교를 비판적 관점에서 고찰하고자 한다.

1. 가톨릭이 선교를 독점하였다

가톨릭은 현재 세계 기독교를 어렵게 하는 불행한 선례를 남겼다. 가톨릭은 잔인한 정복자의 선교였다는 것은 남미대륙에서 증명된다. 남미 기독교회 지도자들은 반백인 정신이 강한데, 그 이유는 가톨릭 국가 브라질과 포르투갈의 정복적 선교에 원인이 있다. 일찍 가톨릭 선교에 대하여 아주 비판적인 말을 한 사람은 19세기 중반 영국 교회선교회(Church Missionary Society) 총무 헨리 벤이다. 그는 저서 『프란시스 사비엘의 선교 생애와 활동』에서 가톨릭 선교는 권력자의 칼과 박해라는 공포와 뇌물로 그리스도의 왕국을 확장하려고 하였다. 특히 가톨릭은 프란시스 사비엘(St. Francis Xavier)을 선교의 영웅으로 존경하지만 그는 후일 반기독교 사람으로 취급될 것이라고 혹평하였다.[2] 그는 가톨릭을 거의 적그리스도로 간주하였다. 참고로 19세기 중반 이전 개신교 선교사들은 가톨릭을 아주 부정적으로 표현하였다.

중세 구라파 가톨릭에 의한 기독교 국가(Christendom)였다. 이것은 한 나라가 기독교라는 것을 의미하는 것으로, 종교 다원화를 거부하는 것이다. 그래서 성경적 기독교를 추구한 많은 개혁자들을 종교재판의 이름으로 화형에 처하였다. 지금도 사실상 가톨릭은 개신교회와 교제를 하지만 내면적으로 개신교를 이단으로 간주한다. 가톨릭만이 이 지구상에 존재해야 한다는 독점 의식이 잘 나타난 것은 인도에서이다. 전장에서 언급하였지만 도마교회를 발견한 가톨릭은 그것을 충격으로 받아들여, 강제로 가톨릭의 지배하에 두려고 무력을 행사하자 도마교회는 적극적으로 반발, 종교 전쟁이 일어나게 되었다. 그들은 인도에 가톨릭이 아닌 기독교회가 존재한 것에 도리어 기뻐한 것이 아니라 있을 수 없다는 반응이었다.

중세 가톨릭은 로마 원형극장의 무서운 살인 방법을 계승하였다. 가톨릭의 종교 박해를 고발한 자는 16세기 영국의 교회사가 존 폭스였다. 그는 가톨릭 신자였지만 개신교로 개종한 후 유명한 『순교자 열전』을 저술하였다. 가톨릭 국가 프랑스는 위그노라는 개신교 신자들을 무차별 학살하였다.

가톨릭은 식민지 정복과 선교가 함께한 역사이다. 교황청은 온 세계를 가톨릭 교구로 간주하고 스페인과 포르투갈을 앞세워 식민지 정복과 선교를 동시에 진행시켰다. 가톨릭은 이교도들을 복음화 하기 위한 식민지는 정당화거니와 약간의 폭력도 정당화된다고 하였다. 16세기 포르투갈과 스페인이 아시아로 진출하면서 가톨릭도 수출한 셈이다. 스페인 선교사가 캄보디아에 와서 선교를 하면서 캄보디아 왕에게 노골적으로 스페인의 식민지가 될 것을 권고하였다. 가톨릭은 남미에서 장로교 선교사를 죽이고 추방한 것은 잘 알려진 역사적 사실이다.

19세기 후반 학생선교운동의 지도자 톰슨(Thompson)은 종교개혁 때 가톨릭이 정치, 경제, 사회를 지배하고 선교를 독점한 사실을 다음과 같이 설명한다: "유럽 국가들은 가톨릭의 지배하에 있어서 돈은 교황청이 다 소유하였다. 기독교는 사실상 교회왕국이라고 하여도 과언이 아니다. 기사들은 강도가 되었다."[3]

16세기 초기부터 가톨릭은 아시아에 선교를 시작한 후 개신교 선교사가 올 때 까지 선교지는 가톨릭의 독무대였다. 그들은 개신교 선교사가 들어오자 식민지 통치의 권력으로 노골적으로 방해하였다. 그 대표적인 것이 캄보디아이다. 동남아에서 활발하게 선교한 미국의 기독교와 선교회(Christianity and Missionary Alliance: C&MA)가 베트남에 선교를 하자 많은 제재를 가하였고, 캄보디아 선교를 시도하였지만 캄보디아의 프랑스 총통은 비자를 거절하였다. 그럼에도 C&MA선교사들은 끈질기게 문을 두드리다가 1923년 여름 프랑스 임시 총통으로부터 비자를 받아 캄보디아에서 개신교 선교가 시작되었다.

아시아에서 가톨릭 선교가 개신교보다 적어도 300년에서 400년 앞섰지만 현재 신도 숫자는 개신교가 훨씬 더 많다. 그 이유는 무엇인가? 아시아에서 네스토리안이 성공하지 못한 실패를 가톨릭도 반복였다. 즉 성경 없는 의식 위주의 가톨릭 기독교를 전파하였기 때문이다.

당시 종교개혁 교회는 가톨릭 국가의 신자들을 선교의 대상으로 생각하고 선교사를 파송하자 가톨릭 교회는 엄청나게 방해하였다. 그러나 진리는 힘으로 막지 못한다. 놀라운 사실은 유럽에서 종교개혁이 진행되어 참 복음이 전파되기 시작할 때에 동남아에서 활동하든 한 가톨릭 선교사가 종교개혁의 진리를 받아들였다가 징계를 당하였다.[4]

2. 종교개혁과 선교운동

종교개혁은 선교가 없다고 말한 자는 독일 복음주의 선교학자 구스타프 바르넥이다. 그는 그의 저서 『개신교 선교 역사』[5]에서 종교개혁자들은 신학적으로 선교가 약하거나 결여되었다고 지적하였다. 그러나 개혁자들은 가슴으로 성경의 복음을 회복한 자들이기 때문에 복음을 전하려는 영적 충동이 없을 수 없다. 루터는 복음전파를 잔잔한 호수에 돌을 던지면 파장은 멀리 나가는 것으로 비유하였고, 로마서 주석 15장에서는 복음은 전도이며 복음전파는 고난이 불가피하다는 것을 역설하였다. 루터는 그리스도의 말씀이 종말 때까지 계속 달리고 확산되는 것으로 해석하였다.

루터에게 선교가 없다는 비판에 도리어 20세기 초 독일 신학자들이 반론을 제기하였다. 독일 선교학자 겐지헨(Gensichen)은 종교개혁자들을 언급하지 않고는 선교 역사를 논할 수 없고, 또 개혁자들의 선교 신학을 언급하지 않고 종교개혁 역사를 기록할 수 없다고 까지 하였다. 볼트만의 제자 홀스텐은 종교개혁자들을 현대 선교의 선구자로 간주한다. 현대 선교가 종교개혁은 선교가 없다고 비난한다면 현대 선교는 종교개혁이 없다고 응수한다. 그의 말을 인용하면 다음과 같다:

> 지금까지 종교개혁과 선교의 관계를 연구한 대부분의 사람들은 종교개혁의 선교 개념을 전혀 무시하고 있다. 이들은 현대적 선교 개념을 유일하고도 합법적인 것으로 생각하고 현대의 선교 형태를 표준으로 단정한다. 그러나 종교개혁이 현대 선교의 심판대 앞에 설 때에 전혀 다른 결론이 내려진다. 현대 선교 개념을 가지고 종교개혁을 문제시할 것이 아니라 종교개혁의 입장에서 현대 선교를 논해야 한다.[6]

종교개혁자들은 성경적 선교의 메시지를 회복하였다. 선교의 목적은 성경적 메시지인 그리스도를 통한 구원이 복음을 전하는 것이다. 루터는 바로 가톨릭의 잘못된 제도적 교회에 대항하여 성경적 복음을 찾은 자이다. 그는 친구가 "자네가 시작한 교회는 루터교회가 될 것이 아닌가?"라고 비난하자, 루터는 "내가 시작한 교회는 내가 만든 것이 아니라 본래부터 있었는데 내가 회복한 것이네!"라고 하면서 새 교회를 복음파 교회라고 하였다. 지금도 독일 루터 교회 공식 명칭은 복음파 교회 (Evangelischen Kirchen)이다.

칼빈도 복음적이라는 용어를 사용하였다. 칼빈의 기독교 강요 서문은 종교개혁을 박해한 프랑스 왕 프란시스에게 보내는 애절한 장문의 호소문이다. 영문판 서문에는 Persecuted evangelicals이라는 말이 나온다. 1543년에 쓴 『교회 개혁의 필요성』(De Necessitate Reform Ecclesiae)에서 칼빈은 바울의 복음을 잘 설명하고 이방인들에게 복음 전하는 사명을 강조하였다. 사람은 행위가 아닌 믿음으로 하나님 앞에서 의롭게 되는 것(Justus Coram Deo)을 역설한다.[7] 그는 가톨릭이 복음적 교리에서 떠나 불경건한 것으로 소요를 만들었다고 말한다(ex Euangelii doctrina impios tumultuandi occasionem). 그는 이 논문에서 복음이라는 단어를 많이 사용하였고 루터를 굉장히 칭찬하였다. 따라서 루터나 칼빈이 복음적이라는 용어를 사용한 것은 가톨릭의 지나친 교권적 교회주의에 대항하여 복음적이라는 용어를 사용하였다고 본다. 이점에서 복음파 혹은 복음주의를 부흥운동의 산물로만 보는 것은 신학적으로 문제가 있다. 칼빈은 기독교는 십자가 구원의 체험을 다른 사람과 나누어 가지는 신앙임을 언급하였다.

종교개혁자들이 바른 신앙과 신학을 회복하지 않았더라면 무엇을 선교할 것인가? 이것은 현대 복음주의 운동이 자신들의 원 뿌리를 경시하는 신학적 편견의 결과라고 생각한다. 장로교의 예정론은 선교를 죽인다는 사상은 신학적 무지나 오해 혹은 예정론 자체에 대한 거부감 때문이다.

1) 루터교 선교운동

종교개혁 이후 루터교회는 북유럽으로 확산되어 스웨덴이 루터교 선교의 시발점이 된다. 1526년 루터의 종교개혁 이후 9년 만에 덴마크 왕은 루터교회를 국교로 하고 인도의 트랑크바를 식민지로 만들고 목사를 파송하여 시온교회를 세운다. 덴마크 왕이 루터교 선교에 중요한 역할을 한다. 루터교회는 18세기 초에는 지겐발크 등 많은 선교사를 인도로 파송한다. 같은 시기에 스웨덴 국왕 구스타프 바사도 노르웨이 북쪽에 위치한 라프랜드(Laplands)에 선교사를 파송하여 루터교회를 세우려고 하였으나 가톨릭의 크게 성공하지 못하였으나 다음 왕이 선교사를 파송하여 교회를 세우고 신약성경과 루터의 요리문답 등을 번역한다.

오스트리아 백작 출신 유스티안 폰 벨츠(Justinian von Welz)는 초기 루터교 선교운동에 중요한 인물이다. 그는 "살아있는 기독교는 선교하는 것이다. 복음적 신앙을 우리만 믿는 것이 정당한가? 왜 많은 신학생들이 있는데 하나님의 일터로 가지 않는가? 좋은 옷, 좋은 음식에 많은 투자를 해야 하는가?" 하면서 선교운동을 호소한다. 그는 1664년 두개의 팜플릿을 출판하는데, 하나는 제목이 이방인 개종을 위한 초청(An invitation for a society of Jesus to promote Christianity and the conversion of heathendom)이고, 두 번째 논문은 제목이 너무 길다. 요약하면, 복음적 신앙을 확산하기 위하여 기존신자들에게 아우구스 신앙고백을 권장하는 내용이다(A Christian and true-hearted exhortation to all right-believing Christians of the Augsburg Confession respecting a special association by means of which, with God's help, our evangelical religion might be extended). 그는 독일 귀족들과 성직자들에게 모함메단들(무슬림들)에게 선교해야 한다는 강한 의무감을 가지고 당시 독일 화폐 12,000달러를 기금으로 내면서 선교사를 훈련시키는 신학교를 세우든지 대학에 선교학과를 설치할 것과 동양어를 전공하는 교수도 양성할 것을 제안한다. 그 시대에서는 파격적인 제안이 아닐 수 없다.

그의 제안은 도리어 조롱을 당하지만 모든 명예를 내려놓고 네덜란드로 가서 "이방인의 사도"가 되기 위하여 목사 안수를 받고 남미 북쪽의 수리남(Surinam)으로 갔다. 그는 아무런 후원도 없이 2년간 갖은 고생과 역경의 선교활동을 하다가 1668년 수리남에서 그의 생을 마감하였다. 경건주의 창시자 야콥 슈페너(Jacob Spener)는 그가 야수에 찢기어 죽었다고 기록했다. 그의 사후 구스타프 바르넥은 벨츠의 희생적 선교 정신과 사역을 높이 찬양하였고, 한 독일 역사가는 그의 생애와 선교 외침은 겨울에 떨어진 한 방울에 불과한 것 같지만 봄이 온다는 것을 알리었다고 하였다.

독일 선교운동은 필립 스페너와 헬만 프랑케의 경건주의로 말미암아 선교운동이 활발하게 일어나게 된다. 인도에서 첫 개신교 선교를 시작한 자들은 바돌로매 지겐발그와 헨리 플루차이다. 당시 덴마크 왕은 선교에 관심을 가져 두 독일인 선교사를 덴마크 영 타밀 지역의 트란크바에 파송한다. 그때가 1706년 7월이었다. 이들 역시 경건주의 영향으로 인도 선교를 자원하였다. 그러나 이미 먼저 와 있었던 덴마크 목사(엄밀히 말하면 채프린)들이 환영하지 않았다. 식민지 당국자는 그들을 강변의 뜨거운 태양 아래 서 있게 할 정도로 괴롭혔지만 인도인의 안내로 선교를 시작하였다. 이들 두 독일 선교사들은 덴마크 왕이 파송하였으나 나중에 이들을 후원한 자들은 영국 교회의 지식보급선교회(Society for Promoting Christian Knowledge)였다. 인도에서 주요한 식민지 세력은 영국이면서도 영국교회가 먼저 선교를 하지 못한 것은 동인도 회사의 방해 때문이었다.

지겐발그는 18개월 만에 타밀어를 마스터하고 타밀어 성경 번역을 시작할 정도로 정열적으로 일한 자이다. 그는 하루 일과는 아침 일찍부터 저녁 10시까지 정확하게 스케줄대로 움직인 자이다. 이들의 선교 정책은, 성경을 번역하고 원주민을 개종시키어 그들 중에 지도자를 세우는 자립 정책과 토착화 선교였다. 지겐발그는 2년 만에 두 명의 개종자를 얻고 교회 건물을 자비로 세웠다. 두 선교사는 학교를 설립하고 동시에 인도의 문화와 종교 연구에 힘썼다. 이들의 연구는 후대 선교사들에게 큰 자료가 되었다. 이들의 문화와 종교 연구는 본국에서 출판하자는 제의를 받았지만 이교의 미신을 알리는 것이 선교의 목적이 아니라는 이유로 거절하였다. 지겐발그의 선교 활동은 13년에 불과하였으나 350명의 신자를 얻어 루터교회가 인도 땅에서 처음으로 세워졌다. 그는 10년 동안 일하고 고국에 돌아갈 때 주변의 불신자들도 뜨거운 눈물로 전송하였다. 에베소에서 장로들이 바울을 환송하는 장면을 떠 올린다. 그는 젊은 나이 36세로 세상을 떠난다.[8]

지겐발그 다음 지식보급회가 파송한 선교사는 유명한 크리스천 슈바르츠로서, 48년 동안 4천명의 신자를 얻었다. 그런데 이들 세 선교사가 인도교회에서 차지하는 비중은 이 교회의 출신들이 지금도 인도 사회에서 지도자로 크게 역할을 하고 있다는 사실이다. 인도의 첫 성공회 감독도 바로 이 선교가 세운 교회 인물이다. 그러나 이들 역시 가톨릭의 예수회 선교회와 같이 교회에서 카스트 제도를 인정하고 용납하는 잘못을 하였다.

2) 장로교 선교운동

칼빈의 제네바 아카데미는 개혁주의 신앙과 신학으로 유럽 전역에서 모여든 사람들을 훈련시키어 파송한 선교 훈련원이라 하여도 과언이 아니다. 거기서 배출된 많은 인물 중에 존 낙스는 스코틀랜드에 장로교회를 설립하고 이 장로교 운동이 영국의 영적 혁명을 일으켰다. 존 낙스의 영향은 스코틀랜드에만 아니라 잉글랜드에도 영향을 주었다. 청교도들은 존 낙스의 영적 후손이라고 하여도 과언은 아니다. 스코틀랜드의 청교도적 장로교회는 미국 장로교 선교사들을 통하여 한국에까지 전파되었다.

칼빈의 제네바 교회는 15명의 선교사를 브라질로 파송하였다. 19세기 초 개신교 선교 역사를 쓴 윌리암 브라운 목사는 당시 파송의 배경과 동기를 잘 설명한다. 제네바교회는 1556년 14명의 선교사(Philip Cogviller, Peter Richer, William Charters, Peter Boronne, Mathew Verneville, Jonh Bordele, Andrew Font, Nicolas Dyonysius, John Gardinne, Martin David, Nicolas Ravequet, James Rufus, Nicolas Carmille, John James)를 "최근 발견된 남미에 기독교 신앙을 심기 위하여 파송하였다." 당시 해군 제군 콜리그니(de Coligmi)는 브라질이나 다른 남미 지역에 프로테스탄트 식민지를 세울 것을 제안하였다. 프랑스

왕 헨리 2세는 이 제안을 받아들였다. 그래서 빌레가 그논의 백작 니콜라스 두란드(Nicolas Drand)와 해군 부제독 브레타그느(Bretagne)를 이 사업의 감독으로 임명되었다. 이들은 식민지가 확보되면 프랑스 왕에게 바칠 생각을 하였다. 그러나 이 두 사람은 가톨릭으로 돌아가고 말았고, 브라질에 도착한 선교사들은 무참하게 살해당하였다. 같은 기독교에 순교당한 셈이다. 콜리그니 제독의 아이디어는 박해받는 프로테스탄트 신자들을 피난시키기 위하여 이러한 선교를 제안한 것 같다고 한다.9) 톰슨은 제네바에서 300명의 사람들을 보내었는데, 그 중에 루치어라는 목사는 브라질에 도착하여 칼빈에게 보내는 편지에서, 원주민들을 예수 그리스도에로 인도하려 하였으나 그들의 야만성과 카니발리즘과 영적 무지와 통역자의 부족으로 모든 희망을 포기하였다고 하였다.

  프랑스의 위그노(Huguenot)는 박해를 피하여 많은 나라로 흩어져 교회 설립, 교육, 산업 발전에 기여하였다. 이들은 칼빈의 개혁신앙을 추종하는 자들로 1560년경에는 신자가 무려 80만 명에서 100만 명으로 폭발적 성장을 하자 프랑스 왕과 가톨릭교회는 무자비하게 이들을 박해하였다. 30년의 종교전쟁 이후의 바돌로메 대학살에서는 무려 7만 명이 죽었다. 이전에 이미 많은 사람들이 나라를 떠났는데, 이들 중 시계공, 금세공업자, 에메랄드 세공업자들은 스위스로 피신했다. 당시 칼빈이 리드하는 제네바 시의회는 사치품 금지법(anti-sumptuary laws)을 만들어 팔거나 착용하는 것도 금지하고 대신, 시계 산업은 육성시키어 교회 출석과 일상생활에 도움이 되도록 하였다. 위그노들은 스위스를 시계의 나라로 만든 셈이다. 위그노 디아스포라는 남아프리카, 남미의 가이아나, 서인도제도, 미국 등 온 세계로 흩어져 개혁파교회를 세웠다. 특히

남아프리카 케이프타운에는 이들이 조성한 포도 산업은 엄청나다. 청교도들과 위그노들은 이민에 의한 선교 혹은 지리적 교회 확장과 하나님 나라 확장의 모델이라 하겠다.

3) 청교도와 인디언 선교

17세기 청교도 신학자들은 선교의 열망이 강하였다. 청교도들의 선교 사상은 칼빈주의를 그대로 실천하였다. 선교의 목적은 이방인들이 하나님에게 영광을 돌리는 것과 이방인의 회심이었다. 미국 땅에 있는 인디어 대상의 선교라는 지리적 이점으로 지역 교회가 선교회 노릇을 하였다. 청교도 목사 윌리엄 에임즈는 교역자를 목회적 사역자, 교회 설립하는 사역자, 타문화권에서 사역하는 목회자로 분류하였고 설교학 책을 쓴 리처드 백스터는 타문화권 선교 사역을 제안하였다. 당시 미국 교회 지도자들 중에는 인디언 원주민을 금수보다 못한 존재로 여기었다. 심지어 과격한 정치 지도자들은 인디언 말살 정책을 적극 지지했다. 그러나 벡스터와 브레이너드, 엘리어트는 인디언도 하나님의 형상을 지음 받은 인간이며 일반 은총을 인정하고 이것을 접촉점으로 삼아 선교할 것을 주장했다.

신대륙으로 건너간 청교도 존 엘리오트(1604-90)는 영국에서 청교도 신앙과 선교를 배우고 미국으로 건너가서 인디언 선교를 시작하였다. 그는 알곤퀸(Algonquin) 인디언 언어를 습득한 후 인디언들에게 전도하여 인디언 교회를 설립하였다. 그는 많은 반대와 시련에도 불구하고 선교의 열매를 거두어, 그의 선교 보고서는 1649년 뉴잉글랜드 복음전파회(the Society for the Gospel in New England)라는 선교회를 탄생시키는데 기여하였다. 아마도 이 선교회는 미국 최초의 선교회로 기록될 것이다.

아메리칸 인디언 선교의 영웅은 젊은 청년 데이빗 브래어너드(1718-1747)이다. 그는 너무나 헌신적으로 인디언들에게 전도하다가 29세의 나이로 조나단 에드와드의 품에서 숨을 거둔다. 에드와드는 뉴저지대학(지금의 프린스턴대학교) 학장이 되기 전에는 인디언 선교에 참여하였다.

브래어너드는 4년 동안 말을 타고 무려 15,000마일을 달리면서 여러 부족들의 인디언들에게 복음을 전파하였다. 그는 청교도 가정 출신으로 어려서부터 웨스트민스터 신앙고백서와 청교도들의 작품을 애독하였다. 그는 젊을 때 영적 갈등을 많이 느끼면서 구원의 확신을 체험하고 동시에 칼빈주의 신학의 근간인 "하나님의 영광을 위하여"를 생애 목표로 삼는다. 선교의 목적이 하나님의 영광이었다. 그는 예일 대학 중퇴자이다. 당시 예일 대학에서는 계몽주의에 대한 위기감에서 영적 대각성이 일어났다. 조지 휫필드와 길버트 테넨트가 설교하였다. 그는 설교한 강사를 비판하여 제적을 당하였다. 그 후 잠간 목회하다가 인디언 선교에 몸을 던진다. 그는 인디 언어를 배워 시편의 일부분을 번역하였고, 학교도 시작하였다. 당시 '어글리 양키'들은 인디언 땅을 강제로 빼앗거나 추방하였다. 그의 메시지는 인간은 다 죄인임으로 죄를 회개하라고 외쳤는데 그의 설교는 놀라운 반응을 일으키어 수천 명의 인디언들이 개종하였다. 그의 설교는 교리와 요리문답을 중심으로 하였다.

그는 기독교를 거절하는 인디언 추장에게도 끈질기게 전도하였다. 화간 추장은 그에게 백인들은 인디언 보다 악하다. 술 취하고 도둑질하고 인디언을 죽이는 악한 자들이라고 비방하였다. 추장의 말에서 당시 어글리 아메리칸들이 인디언들을 죽였다는 것을 알수 있다. 브래어너드가 사망하자 그의 사역을 동생 존 브래어너드와 많은 청교도 목사들과 신도들이 인디언 선교를 계속하였다.

4) 네덜란드 개혁파 교회 선교

네덜란드 개혁파교회는 칼빈의 종교개혁으로 세워진 교회이다. 스코틀랜드에는 장로교회가 세워졌다면, 네덜란드에는 개혁파 교회가 세워졌다. 1638년에 네덜란드는 스페인 무적함대를 격파한 후 포르투갈로부터 스리랑카와 인도네시아를 식민지로 접수한다. 하지만 불행하게도 네덜란드의 식민지 정부는 힌두교, 불교, 가톨릭 신자들에게 개혁파 교회로 개종을 강요했다. 가톨릭도 엄청난 박해를 받았는데, 그것은 독일에서 30년 간 지속된 가톨릭과 개신교 간의 종교전쟁 때문이다. 강제 개종으로 1722년에 네덜란드 개혁파 교회는 약 840,000명의 결신자를 얻게 되었다. 이것은 그 당시 스리랑카 전체 인구의 20%에 당하는 숫자였지만 네덜란드 식민지 통치가 끝나자 많은 개종자들은 자기들의 옛 종교로 돌아가고 말았다. 현재 스리랑카에는 5개의 개혁파 교회가 존속하고 있는데, 첫째 교회 설립 년도는 1640년이라는 기록이 초석에 새겨져 있다. 네덜란드 개혁파 교회는 인도네시아 암본과 자바에서도 선교하여 개혁파 교회를 설립한다. 그러나 후일 자바의 개혁파 교회는 자유주의 신학으로 넘어가고 만다. 네덜란드 개혁파교회는 인도네시아 섬 암본과 기타 지역에서도 선교하였다.

3. 모라비안 선교 : 자립 선교의 모델

모라비안 공동체와 모라비안 선교는 역사에서 아주 중요한 선교운동으로 기록되어야 할 것이다. 복음주의 선교학자들은 윌리암 케리를 현대 선교의 아버지라고 불러 마치 윌리암 케리가 현대 선교의 시작자로 오해한다. 그러나 케리 이전 18세기 세계 선교를 주도한 것은 모라비안 교회의 선교이다. 모라비안 선교회는 명칭이 영어로는 United Brethren 이다. 지금 이러한 명칭의 교회가 많아 혼돈하기 쉽다. 모라비안 선교가 18세기 세계 선교를 주도한 사실은 1818년 영국교회선교회(Church Missionary Society)가 발행한, 530페이지나 되는 "선교사 등록"이 잘 말해준다.[10] 이 자료에 의하면 케리 이전에 활발하게 선교한 주요 선교회는 형제단(모라비안) 선교회, 영국 국교회의 지식보급회(Society for Promoting Christian Knowledge), 복음선교회(The Society for the Propagation of the Gospel)과 웨슬러선교회이다.

이 책은 실제로 1818년 기준으로 당시 주요 선교회 선교사들이 자기들 선교회에 보낸 편지를 편집한 것이다. 윌리암 케리는 모라비안 선교에 감동을 받아 말하기를 선교 역사에서 모라비안 선교를 능가할 자들은 없다고 하였다.

우리들은 일반적으로 모든 개신교회의 뿌리는 루터와 칼빈이라고 생각하였지만 체코의 개혁자 존 후스(Jan Huss:1372-1415)의 순교는 50년 후 모라비안 교회를 탄생시키었다. 후스는 루터터보다 100년 앞선 체코의 종교개혁자로, 성경이 신앙과 행위의 유일한 규범으로 확신하고 성경적 설교를 강조하였고, 교황이 교회의 머리가 아니라 예수님이며, 모든 사람은 다 제사장이라는 것을 주장하면서 체코어로 성경을 번역하였다. 루터보다 먼저 신자의 만인제사장 교리를 주장하였다. 그는 독일 콘스탄스 종교 재판에서 화형 선고를 받아 1417년 산채로 화형당하는 순교자가 된다. 그는 순교하면서 유명한 말을 남겼다. "나는 거위로 죽지만 100년 후에는 죽지 않는 백조가 탄생할 것이다."라고, 그 백조가 역시 순교한 영국의 존 위클리프인지 루터인지?

존 후스(John Huss)가 순교하자 그의 추종자들은 1457년 연합형제단(Unitas Fratrum : United Brethren)이라는 신앙공동체를 조직한다. 이 공동체를 보헤미안 형제들(Bohemian Brethren)이라고 하고 후세인파(the Hussites)라고도 한다. 루터는 후스의 글에 감동받고 "우리들은 다 후세인파"라고 말하였다고 한다. 이 공동체는 지금의 관점에서 보면 좀 극단적인 경건주의자라고 할 수 있다. 그의 추종자들은 온갖 핍박과 환란 속에서도 신앙을 지키면서 교회를 형성하였는데, 지금의 모라비안 교회는 후스파의 후손 교회인 셈이다. 이들 중 일부는 유명한 진젠도르프 백작의 헤른후트로 피난한다. 존 후스가 순교한지 무려 3백년 후의 일이다. 여기서 모라비안 선교운동이 일어난다. 모라비안 신자들은 헤른후트에서 독일 경건주의자 프랑케를 따르는 루터파 경건주의자들과 함께 공동체를 이루면서 세계선교에 나선다.

후일 역사가들은 진젠도르프(Nicolaus von Zinzendorf : 1700-1760) 백작을 선교운동의 대가로, 동시에 교회연합 운동가로 높이 평가한다. 그는 어릴 때 뜨거운 신앙을 체험한 루터교 경건주의자로, 루터교의 경건주의 대학인 할레 대학 시절 겨자씨 선교회(Order of the Mustard Seed)를 조직하였는데, 설립 목적은 기존 냉담한 교회에 영적 활력을 불어넣는 것과 복음을 바다 건너에까지 가서 전파하는 것이었다. 그는 교단을 초월하여 성경의 기본적 신앙으로 신앙 공동체를 만들었다. 이 신앙 공동체를 제도권 교회들은 교회내 교회(ecclesiolae in ecclesia)라고 약간 부정적으로 평가한다.

진젠도르프는 경건주의 운동가 프랑케에게서 신앙을 배워 조상에게서 물려 받은 부동산을 신앙 공동체로 바쳤는데, 그것이 유명한 헤른후트이다. 진젠도르프는 1728년에 서인도, 그린랜드, 터키, 라프란드로 선교사 파송할 것을 제안하여 그대로 실천하였다. 이 공동체 600명의 신자들 중 무려 70명이 선교사로 나간다. 진젠도르프의 격려로 모라비안 최초 선교사 레온하드 도버와 데이빗 니츠만은 30실링이 든 지갑을 가지고 덴마크 영 서인도(지중해 섬)로 떠난다. 1740년 68명의 선교사가 20년 후인 1760년에는 무려 226명의 선교사로 증가한다. 19세기 전 세계 모든 선교사들 중 모라비안 선교운동의 선교사가 절반을 차지하였다고 한다. 독일 바젤선교회, 감리교 선교운동과 런던선교회는 다 모라비안 선교운동에 자극을 받았거니와 윌리암 케리 역시 모라비안 선교의 영향을 받고 침례교선교회를 조직하도록 한 것이다. 지금 전 세계 모라비안 교회는 미국과 유럽에서는 소수지만 반 이상이 아프리카와 남미에 있다. 인상적인 것은 인도 레다카의 히말라야 산맥의 1,100m 중턱에 헤른후트의 모라비안 선교회가 세운 교회가 있는데, 이 교회는 세계에서 제일 높은 교회로 자부한다. 이 고지대 사람들은 티베트 불교도들이지만 기독교로 개종하여 교육과 의료 및 농업 분야에서 개척자로 크게 기여하고 있다고 한다. 이들이 세운 학교는 학생이 1천명이나 된다. 지금도 모라비안 교회와 선교회는 전 세계 30개 국가에서 70만 명의 신자들을 섬기고 있다고 한다.

모라비안 선교운동은 자립선교의 모델이라고 할 수 있다. 모라비안 선교사들은 처음부터 고정된 후원금 없는 자비량 선교였다. 따라서 이 선교회의 특징은 평신도 위주의 선교, 자비량 선교, 직업을 가지고 일하는 "tentmaker"였다. 선교사들은 지리, 언어, 의학 등을 배워 선교지로 나갔다. 진젠도르프는 선교사의 희생정신을 강조하였다. 그래서 불과 수년 만에 서인도에서는 53명의 선교사들(어린이 포함)이 사망하고 말았다. 아프리카의 한 섬에서는 선교사들이 감옥에 갇히자 죄수들이 감방에서 설교하는 이들의 설교에 귀를 기울였다고 한다. 이들은 교회개척을 하지만 현지인 교회에 줄 돈이 없어, 현지 교회는 자립을 할 수 밖에 없었다.

그들은 평신도 전문인 선교사로서 고충이 많았다. 예를 들면 서인도로 간 도버는 토기장이었다. 그러나 서인도의 덴마크 관리들은 그에게 토기장이 일을 주지 않고 집 짓는 일을 주었다. 다른 모라비안 선교사가 흑인 노예들에게 세례를 주자 화란개혁파 교회 목사가 덴마크 관리들에게 고발하는 일도 있었다. 평신도인데 세례도 주고 성찬식도 거행한다는 이유다. 그 지역에서 일하던 루터교 목사는 모라비안 선교사의 전도로 개종한 흑인노예에게 모라비안 선교사들이 "노예제도는 비성경적이라고 가르치지 않았느냐?", "흑인 신자가 천당 가면 천당에서는 흑인이 백인을 지배한다고 가르치지 않더냐!"라는 식의 질문을 퍼부었다고 한다. 당시 서인도의 일부 루터교 목사들은 흑인들은 함의 후손으로, 노예제도는 성경적이라고 생각하였다. 지금 선교지에서도 현지인 사역자들은 목사 안수를 받았는지 분명하지 않은 자들이 많고, 평신도들이 성찬식을 거행하고 심지어 세례 주는 일도 허다하다. 모라비안 선교 역사는 우리들에게 중요한 교훈을 준다.

결 론

복음주의 선교운동은 종교개혁의 선교를 부정하려고 하는 경향이 있지만 루터의 후손들과 칼빈의 후손들은 뜨거운 가슴과 열정으로 선교를 하였다. 칼빈주의자들은 칼빈의 신학을 선교에 그대로 적용하였다. 개혁주의가 강한 네덜란드는 선교 신학을 발전시켰고 청교도들은 이민 간 나라에서 열정적으로 선교하였다. 윌리암 케리 이전 선교 신학은 하나님의 영광과 이방인 회심 및 교회 설립이었다. 청교도들은 초교파 선교회 없이 교회가 선교에 동참하였다.

제4장

19세기 복음주의 선교 운동

라토렛(Kenneth Scott Latourette)은 19세기는 위대한 선교이 세기라고 정의하였다. 이 시대는 개신교회가 거의 모든 나라에 전파되는 시대가 된다. 19세기 초 선교의 문을 연자는 현대 선교의 아버지로 불리는 윌리암 케리이다. 그는 초교파 선교회를 여는 촉매제가 되거니와 영미 선교에 선교의 불을 붙인다. 19세기 초기 미국해외선교회 등을 계기로 다양한 초교파 선교회가 부흥운동 이후 등장한다. 그러나 19세기 중반에 수많은 교파 선교회도 등장한다. 19세기는 초교파 선교와 교단 선교의 병행시대, 문명화 선교의 시대로 정의할 수 있다. 세계 선교는 17세기 후반부터 시작되었기 때문에 19세기에 아시아에 온 선교사들은 엄밀한 의미에서 개척자는 아니다.

1. 19세기 선교의 주요 특징

19세기 전반부 서구 선교의 주요한 특징을 다음과 같이 요약할 수 있다.

첫째, 19세기 선교운동은 그 이전에 일어났든 부흥운동과 대각성운동

(Great Awakenings)의 결과이다.   부흥운동과 대각성운동은 동의어이다. 부흥운동으로 영적 생명이 있을 때 선교운동이 일어났다.   19세기 초기에 초교파 선교회가 일어났으나 곧 이어서 교파교회도 선교회를 조직하여 선교사를 파송한다. 초기 한국 선교는 초교파 선교가 주도한 동남아 선교와는 달리 교파주도의 선교였다.

둘째, 아시아 모든 나라는 선교에 저항적이었지 환영하는 나라는 없었다. 선교사들은 영혼 구원의 직접전도를 원하였지만 부득이 교육, 병원, 복지 등의 소위 문명화 선교를 하였다. 19세기 전반부 문명화 선교는 19세기 후반에는 자립 선교로 방향전환을 한다.

셋째, 초기 선교는 서유럽 나라들이 식민지로 만든 나라와 지역 중심으로 선교하였다. 랄프 윈터(Ralph D. Winter)가 말한 해안선 선교의 시대이다.   무역(동인도회사)과 대포로 문을 연 후에 복음이 따라왔다. 이로 인하여 기독교는 서양 종교, 식민지 종교로 거부당하게 하는 빌미가 되고 말았다. 처음부터 서구 선교가 초기에 인도에 집중한 것은 바로 이러한 이유 때문이다. 덴마크가 동인도 트란크바를 식민지화 한 후에 루터교 선교사를 파송하였고 포르투갈 역시 무역과 대포로 동남아 선교를 시작하였다. 중국의 아편전쟁이 선교의 문을 열었다. 그러나 그로인하여 중국의 기독교는 수난을 당한다.

넷째, 아시아에서 서구 선교는 종교 충돌과 문화 충돌로 정의할 수 있다. 개인주의 기독교가 집단주의 성격의 종교와 문화로부터 완강한 저항을 받았다. 지금도 이 저항은 계속되고 있다. 아시아에서 기독교는 어느 나라도 기존의 종교를 기독교로 바꾸지 못하였다. 하지만 이슬람은 중동의 기독교 국가를 무력으로 정복하였고, 힌두교와 불교의 인도네시

아를 이슬람 화하였고, 네스토리안이 많았든 중앙아시아를 이슬람화하
였다. 그러나 기독교 선교는 다만 애니미즘의 소수 부족들 중에서 개종
자를 얻었을 뿐이다.

다섯째, 개신교 선교는 개인주의 선교임에도 불구하고 일부 아시아
나라에서 집단 개종운동이 일어났다. 특히 식인종 부족들 가운데서 집
단 개종운동이 일어났다. 인도네시아 바탁족, 칼리만탄 부족, 인도 동북
부의 나가 부족 등 버마의 카렌족은 식인종은 아니지만 거의 집단 개종
으로 복음 화되어 동남아에서 기독교회가 제일 강한 부족이 되었다.

여섯째, 서구가 아시아에 복음을 수출하는 동안, 계몽주의와 합리주
의에 기초한 철학, 공산주의, 진화론, 민족주의, 과학 등이 아시아의 지
식인들, 청년들을 사로잡는데 더 성공하였다. 기독교 선교는 세속적 서
구 문명에 압도당하고 말았다. 특히 공산주의는 큰 희생과 대가를 지불
하지 않고 많은 아시아 나라를 공산화하였다.

2. 선교사가 보는 아시아 : 흑암의 나라

월리암 케리 이전 서구의 많은 교파 교회들이 선교를 하였지만 범위
가 제한적이었다. 서구 선교사들이 본 선교지는 문명과는 거리가 먼 흑
암의 나라로, 거리들은 다 진흙탕이었다. 아스팔트도, 깨끗하게 깔은
모래도 자갈도 없었다. 인도와 중국은 문명의 발상지라는 자부심이 강
하였지만 이들 나라에 대한 선교사들의 표현과 용어를 그대로 옮기면,
Pagan, Hindoos(힌두교도), Mohammedans(무슬림), superstition(애니
미즘 혹은 샤머니즘) 등이다. 주목할 사실은 당시 대부분의 개신교 선교

사들은 가톨릭을 아주 부정적으로 보았다. 이것은 종교개혁자들의 영향이라고 생각한다.

1799년 윌리암 케리는 인도에서 사티(Sati)라는 무서운 모습을 보고 충격을 받는다. 사티란 남편이 죽으면 부인을 생화장하는 풍습이다. 그는 당시 장면을 일기장에 다음과 같이 기록 한다:

> 나는 칼카타에서 돌아오는 길에 남편의 시체와 함께 부인도 화장하는 장면을 목격하였다. 이것은 내 생애 처음이다. 그 여자는 2피트 반 높이의 장작더미 옆에 서 있었다. 장작더미 위에는 남편의 시신이 있었다. 산 부인인 여자 옆에는 친척으로 보이는 사람이 있었고 단 고시를 담은 바스켓이 있었다. 나는 물었다. 이렇게 하는 것은 여인이 자발적인 행위인가 아니면 외부의 압력 때문인가 하고, 사람들은 여인의 자발적 선택이라고 하였다. 나는 왜 산 사람을 화장해야하는 지 이유를 물을 수 없었다. 나는 놀라 소리쳤다. 그리고 사람들에게 외쳤다. 이것은 끔찍한 살인이라고.[1]

아도니람 저드슨이 1813년 미얀마에 왔을 때 미국 침례교 선교부는 당시 미얀마의 정치 사회를 다음과 같이 설명 한다. 정치는 독재 정치이고, 지역 따라 다르지만 공무원들은 수준이 낮고 사악하고 잔인하였다. 문명이라고는 전혀 없었다. 그러나 다행하게도 당시 왕은 자비로운 자로, 지적이었고 온화한 얼굴이었다고 기술한다.

당시 아시아 대부분의 나라는 가난하였고, 사회적으로는 봉건주의 시대였다. 정치적으로 는 부족의 장들과 왕들이 통치하는 절대권위의 비민주적 정치였다. 문맹률이 높았고 행정이나 교육, 병원, 복지제도는 전무한 상태였다. 다만 종교와 전통 문화가 강하게 사회와 정치를 지배하였다. 언어는 있지만 문자가 없는 부족들이 많았고, 과학은 전무한 상태라고 하여도 과언이 아니다. 합리적 사상, 과학적 증명 같은 단어는 생소한 언어이다. 학교, 병원, 행정, 의회제도는 근대화와 선교의 열매이다. 한국을 예로 들어보자. 19세기 한국은 가난하고 미개한 사회였다.

19세기 후반 선교사들이 들어올 때, 한국은 중국과 일본의 샌드위치 나라였고 너무나 가난한 나라였다. 그래서 한 양반이 게일 선교사에게 "이 세상에 한국처럼 가난하고 불쌍한 나라가 있습니까?"라고 질문하였다. 당시 한국의 두 번째 도시인 부산을 방문한 윌리암 블래어 선교사는 부산을 다음과 같이 말한다. "부산은 도시라고 말할 수 없다. 집들은 흙으로 지은 집이다. 도로는 너무 더러워 여자 아이들은 아랫도리도 입히지 않았다."2) 서양 사람들은 어린 아기에게도 하의를 입히지 않는 것은 거의 야만으로 간주한다.

당시 한국 역사도 제대로 쓸 사람이 없었다. 최초의 한국 역사는 한국인이 쓴 것이 아니라 달레(Claude Charles Dallet)라는 프랑스 신부가 한국은 와 본적도 없는데 『조선교회사』를 저술하였다. 저서의 논지는 가톨릭이 들어오기 전 조선은 흑암의 나라였으나 가톨릭으로 말미암아 조선이 많이 발전하였다는 것이다. 그는 당시 조선의 문화, 사회, 풍속을 적나라하게 설명한다.

아시아에서 여성 차별의 '원흉'은 아시아 종교이다. 당시 아시아에서 여자를 사람 취급하는 나라는 전무하였다. 버마 (지금은 미얀마로 말함)에서는 남자들은 여자를 개에 비유할 정도였다. 1831년 여자 선교사 메이슨(Ellen B. Mason)은 버마에서 여성해방 운동의 선구자로서 큰 역할을 하였다. 특히 카렌족 여성 교육에 크게 공헌하였다. 인도에서는 선교사들은 많은 어려움을 극복하고 사티라는 무서운 풍습을 폐지하는데 성공하였다.

기독교는 해방의 종교이다. 영적으로 흑암에 처한 사람들을 복음으로 안내하였고, 문맹자들을 깨우쳤다. 종교가 장악한 교육을 해방시키어 대중화 시키었다. 19세기 후반 시리아에서 선교한 미국장로교 선교사 제임 데니스는 선교 100년 후 기독교 선교가 선교지 국가들의 사회 발전에 어떻게 기여하였는지를 3권의 책으로 말해주고 있다.3) 아시아의 대부분 나라들은, 기독교를 박해하면서도 개신교 선교의 열매, 즉 병원, 공공기관, 학교, 자선 단체가 남긴 혜택을 보고 있다. 불교문화는 주는 자가 받는 자에게 선행할 기회를 주어서 감사하다고 인사해야 한다. 개신교 선교사들은 많은 회생을 통하여 복음을 전하였지만 아시아에서 열매가 적은 것은 사실이다. 예수님 시대나 바울 시대에도 처음부터 복음에 귀를 막은 자들이 있었는데, 아시아 대부분 나라들은 복음을 듣기도 전에 기독교가 자기들의 종교, 전통, 문화, 습관, 정치 제도를 근본적으로 흔드는 위험 세력을 간주하였다. 제1장에서 설명한 것 같이 아시아 나라는 복음의 씨가 열매를 맺기에는 너무나 척박한 땅이었다.

3. 불안한 정통의 초교파 선교회

부흥운동 이후 유럽과 미국에서는 많은 선교회가 등장하기 시작한다. 미국에서는 학생선교운동의 영향으로 1810년 미국 최초의 초교파 선교단체인 미국해외선교회(American Board of Commissioners for Foreign MIssions : AFCFM)가 조직되고, 그 뒤를 이어서 많은 선교회가 등장한다.

아시아에서 크게 활동한 초교파 선교회는 ABCFM, 중국내지 선교회(China Inland Mission), 기독교 선교동맹(Christian & Missionary Alliance : C&MA), 영국의 교회선교회(Church Missionary Society : CMS)이다. 이들 초교파 선교회는 공통적으로 신학과 신앙은 복음주의였다.

허드슨 테일러의 중국내지선교회는 자립선교를 하도록 큰 도전을 준다. 그는 후원하는 선교단체 없이 중국 내지에 들어가서 선교한 신앙 선교의 모델이다. 중국에서 처음 시작할 때 명칭은 중국내지선교회였으나 1949년 중국이 공산화하면서 해외선교회(Overseas Mission Fellow- ship : OMF)로 이름을 바꾸고 싱가포르로 본부를 옮긴다. 선교사들은 초교파, 국제적이었다. 내지선교회는 개인 경건과 개인 구원을 강자하며, 조상제사를 거부하였다. 전도의 대상은 하층계급 대상의 전도이다. 중국의 소위 가정 교회는 중국내지선교회의 영향을 많이 받았다고 한다.

1970년대 후반부터 한국 선교사들이 이 선교회를 통하여 선교지로 나가기 시작하였다. 필자는 장로교 고신 선교부가 이 선교회와 협력하여 선진 선교 단체로부터 배우는 것을 제안하였다. 그러나 인도네시아의 중국계 파트너 교회 지도자는 인도네시아가 서구 식민지의 아픈 경험을 겪었는데, 왜 고신이 서구 선교회와 손잡느냐고 항의하여 고신 선교부는 현지 교회와 파트너십을 하게 되었다.

그러나 초교파 선교회는 신학의 통일성과 신학 훈련이 부족하다는 평을 들었다. 교회를 개척하면 선교사들의 교단 배경은 다 달라 예배의식과 설교, 신학에 차이는 불기피하다. 또 세워진 교회들은 다른 기존 교회와 연합이 부족한 것이 사실이다. 하나님의 교회는 상호 연합과 협력도 필수적이다.

C&MA는 취지가 해외 선교만을 목적으로 한 것이지만, 미국에도 선교적 교회를 세우는 것을 목표로 하였다. 이 단체는 교회와 선교를 잘 병행하기 위하여 시작된 선교회이다. 창설자 심프슨(A. B. Simpson)은 뉴욕 장로교회 목사로 당시 가난한 이탈리아 이민자들이 많이 들어오자 가톨릭 신자들인 이들에게 전도하고 봉사하자, 기존 중산층 백인들이 환영하지 않았다. 그는 크게 실망하고 선교사로 가려고 하였으나 부인의 반대로 대신, 참신한 교회 개척과 선교를 동시에 겨냥하여 선교회를 창설하였다. 그가 설립한 나약대학(Nyack College)과 얼러이언스신학교는 많은 목회자와 선교사를 양성하였다. C&MA는 동남아와 중동에 많은 교회를 세운다. 특히 중국과 동남아에서 활약한 제프리(Rober A. Jaffray) 선교사의 공헌은 대단히 크다. 2차대전 이후 베트남과 캄보디아와 중동의 대부분 교회는 이 선교회가 세운 교회였다. 캄보디아의 국왕은 이 선교회 소속 선교사들에게만 캄보디아 선교를 허용하였다.

그러나 베트남에서 C&MA는 신학문제로 현지 지도자가 이 단체를 떠나, 한국에서 장로교 신하교에서 장로교 신학을 배운 베트남에 돌아와서 베트남 장로교회를 세우는 운동을 시작하여 지금 많은 장로교회가 소수 부족들을 중심으로 세워졌다. 이 지도자는 C&MA신학이 너무 알미니안으로 기울어졌다는 것이다. 그는 지금도 보수 장로교회 소속 선교사들이 이 선교회와 함께 일하는 것을 신랄하게 비난하는데, 바람직한 처사가 아니라고 생각한다. 그러나 C&MA는 처음부터 자립 선교를 실천하였다.

ABCFM의 선교 정책은 복음 전파와 교회 개척이지만 학교를 통한 전도와 교회 개척을 주력하였지만 사회봉사는 우선권에서 밀려난다. ABCFM은 장로교회와 회중교회가 중심이 되는 초교파 선교회로서, 신학은 전통적 장로교 신학과는 거리를 두는 신학파(New School)에 속한다. 미국 북장로교는 한 때 칼빈의 전통을 고수하려는 구학파와 칼빈주의 신학을 약간 수정하면서 부흥운동, 선교운동, 사회 개혁과 초교파 선교회와 협력을 강조하는 신학파와 한 때 분열하였다. 신학파에 속한 장로교 사람들이 미국해외선교회와 협력하였다. 따라서 미국해외선교회는 신학은 복음주의를 지향하였지만 좀 넓은 복음주의라고 할 수 있다. 그러나 신학파의 사람들이 많이 선교사로 나갔다. 버마 첫 선교사 아도니람 저드슨은 이 선교회 소속이다. 이 선교회 소속 선교사인 먼손(Samuel Munson)과 리만(Henry Lyman)은 인도네시아의 식인종인 바탁 족들에게 전도하다가 즉시 그들의 "밥이 되고 만다."

AFCFM은 일본, 태국, 인도에 많은 선교사를 파송하였다. 그러나 시작부터 태국에서는 두 선교사가 신학 문제로 이탈하여 약간의 진통을 겪었다. ABCFM은 1869년에 일본 선교를 시작하였는데 첫 교회는 5년 후인 1874년에 고배에 일본조합교회라는 이름으로 시작하였다. 여러 개의 교회가 개척되자 신앙고백은 일본복음동맹교회의 신앙고백을 채책하여 복음주의 방향으로 나아갔다. 이 교회 출신의 신학자가 에비나 탄조(海老名 彈正)는 성경의 영감론을 부정하는 유명한 자유주의 신학자이다. 그는 노골적으로 일본이 한국을 합병하는 것은 정당하다고 주장하였다.[4] 제암리 학살사건의 주범인 일본 헌병은 이 교회 출신이다. 일본 조합교회 신학이 처음부터 좌경화한 것은 AFCFM의 신학적 기초가 튼튼하지 못한데 있다고 보아야 할 것이다.

4. 초기 선교사들의 선교 열정 : 영혼 구원의 열망

19세기 초기 아시아에 온 선교사들은 대각성운동과 부흥운동에서 영적 체험을 한 자들이다. 이들의 선교 정신이나 파송 선교부의 선교 정책은 잃어버린 영혼을 구원하는 것이었다. 이들은 복음전파가 어리석은 것으로 보여 지는 것을 개의하지 않았다. 네덜란드 개혁주의 선교학자 반덴 베르크(van den Berg)는 학위 논문「예수 사랑에 못이겨」(*Constrained by the Love of Jesus*)에서 1618년부터 1815년까지 서구 개신교 선교사들의 선교 동기를 "그리스도의 사랑"과 이방의 죽어가는 영혼들에 대한 사랑으로 정의하였다. 그는 고린도후서 5장 14절, "그리스도의 사랑이 우리를 강권 하시는 도다. 우리가 생각하건대 한 사람이 모든 사람을 대신하여 죽었은즉 모든 사람이 죽은 것이라." 선교사들은 예수님의 구원의 사랑을 체험하고 자기들이 경험한 사랑을 선교지에 가서 나누어 주려는 열망으로 가득 찼다.

미국 기독교에서 선교 운동의 진원지는 메사추세츠의 안도버신학교(Andover Theological Seminary)인데, 당시 아도니람 저드슨과 루푸스 앤더슨 등 수명의 신학생들은 그리스도의 사랑으로 가슴이 뜨거움을 느꼈고 죽어가는 영혼들(perishing heathens)에게 구원의 복음을 전하려는 불타는 열정을 가졌다. 이들은 비 오는 날 학교 근처의 볏짚 더미에서 기도하든 중 선교를 결심하게 된다. 이것을 소위 건초더미선교회(Haystack Movement)라고 부른다. 미국의 최초 선교 단체인 ABCFM은 윌리암스대학과 안도버신학교 학생들이 회중 교회에 선교회 창설을 강력하게 호소함으로 조직된 것이다.

해외 선교를 지망한 선교사들은 "잃어버린 영혼, 지옥으로 가는 영혼"에 대한 안타까운 심정을 금치 못하였다. 허드슨 테일러는 중국 사람을 사랑한 나머지 병든 사람을 고쳐주겠다는 뜨거운 열정으로 의학을 공부하였다. 그는 "만약 나에게 100개의 목숨이 있다면 다 중국을 위하여 바치겠다."라고 고백하였다고 한다.

일본 개혁파 교회 목사 오노 시즈오는 그의 저서 『일본 교회사』에서 일본 프로테스탄트 선교사에서 일본에 온 선교사들의 특징을 다음과 같이 말한다. 개인 회심의 강조, 성경에 대한 절대적 신앙, 엄격한 도덕정신, 강한 전도열, 유럽 문화의 우수성에 대한 강한 자부심이다.[5] 일본에 도착한 미국 선교사들은 선교가 거의 불가능하여 개종자의 숫자로 선교의 성과를 기대하지 말라고 본국 선교부에 호소하였다. 그들은 죽음을 두려워하지 않았다. 그것은 식인종 바탁 족에게 복음을 전한 독일 선교사 놈멘센(Ludwig I. Nommensen : 1834-1918)의 용기는 우리가 본 받아야 할 것이다. 이미 언급한대로 바탁 족(Batak)에게 두 침례교 선교사가 식인종들에게 비참하게 "밥이 된 것을" 알면서도 용감하게 통역을 대동하여 부족장에게 가서 전도를 하였다. 당시 청년들은 오래 만에 또 "흰 고기가 왔다."라고 기뻐하면서 칼을 갈았다. 그러나 추장이 장시간 복음을 듣고 믿기로 결심하자 온 부족들이 따를 수밖에 없었다. 식인종 부족이 완전히 변화한 놀라운 역사이다. 그러나 집단 개종은 명목상 신자를 생산하고 너무 종족 중심이다.

초기 선교사들의 자서전은 감동하지 않고 읽을 수 없는 간증서이다.

미얀마 첫 선교사 아토니람 저드슨은 안도버신학교에서 "주님과 복음을 위하여 나를 버리노라."라는 각오로 선교를 결심한다.

5. 불가피한 문명화 선교

월리암 케리의 선교 철학은 처음부터 복음 전파와 교회 개척이었다. 세람폴 트리오가 작성한 선교 언약은 이것을 잘 반영한다. ① 인간의 영혼은 중요하다. ② 사람들에게 선을 베풀 수 있는 기회를 포착하라. ③ 십자가에 못 박힌 그리스도를 전하는 것이 회심의 제일 중요한 길이다. ④인도인들을 우대하라. ⑤ 성경 번역에 힘쓰라.

그러나 후일 대부분의 선교사들은 교육과 병원 설립과 사회계몽 등 문명화 선교로 기울어진다. 선교사들은 이교도 국가들의 가난, 미신, 질병, 억압적인 정치, 부정부패를 보면서 우월한 서구 문명을 가르쳐야 한다는 마음이 생겼다. 이것을 문명화(civilization) 선교라고 말한다. 문명화 선교에 대하여 풀러신학교의 선교학 교수 아서 글래서 박사는 낡은 온정주의(old Paternalism), "거지에게 나누어 주는 선교 전략" (handout approach)으로 표현하였다.[6] 그러나 시대 상황으로서는 불가피한 선택으로 이해해야 할 것이다.

당시 선교사들의 선교 보고에 의하면 선교비가 가장 많이 투자된 분야는 교육이었다. 한국 선교도 병원으로 전도의 접촉점을 만들었다. 북장로교 선교부는 문명화라는 용어도 정책도 공식으로 채택한 것은 아니었지만 알렌은 한국 사회를 위에서 밑으로 개종시키는 전략을 구상하고, 장로교 선교부에 편지하기를, "나의 생각에는 불안한 개종 운동을 하기 전에 먼저 현대 문명의 기관을 세워서 정부를 가르치고 난 다음 전도의 목적을 수행하도록 할 것을 건의합니다."[7]라고 하였다.

하지만 문명화는 서구화였다. 옥스퍼드 사전은 문명화를 다음과 같이 간단하게 정의한다. "인간 사회가 발전하고 가장 발전한 사회 조직을 갖추는 것이다." 이 정의에 서구화라는 말은 없지만, 선교사들이 세운 현대적 병원, 학교, 자선 기관은 서구 문명의 상징이다. 당시 문명화 전략은 불가피한 것이었다.

19세기 초반 미국은 서서히 기술과 산업이 발전하면서 세계 최대의 문명 대국으로 부상하기 시작한다. 그 증거는 ABCFM 총무 루푸스 앤더슨의 설교에서 잘 나타난다. 앤더슨은 1837년 미국해외선교부를 창설하면서 시대의 징조라는 설교에서 이 초교파 선교회 창설은 모든 사람을 포용할 수 있는 민주주의와 기독교 문명의 발전의 결과이며 사람들의 교양수준과 통신의 발달한 결과로, 미국 문명과 자유의 산물이라고 찬양하였다. 이것은 세계복음화를 위한 좋은 수단으로 간주하였다.[8]

19세기 후반 미국은 경제와 사회의 발전을 하나님의 축복으로 생각하고, 이 축복을 가져 온 기독교 신앙을 온 세계에 전하려는 열의가 가득 찼다. 특히 당시 후년설이 강하였다. 후천년 설은 미국과 서구 문명을 낙관적으로 보았고, 동시에 하나님의 축복으로 생각하는 경향이 강하였다. 독일 복음주의 선교학자 구스타프 바르넥의 기독교화(Volkschristianisierung) 이론도 독일화가 바로 문명화였다. 그래서 그는 일본이 한국을 합방하는 것을 선교적 관점에서 긍정적으로 생각하였다.

선교사들은 선교지에 먼저 병원, 학교, 복지기관을 세우면서 반드시 개종을 목적으로 한 것은 아니었다. 선교사들은 불신자들도 가르치고 병든 자들을 고치기 원하였다. 아시아나 아프리카의 중요한 학교, 병원 등은 다 선교의 부산물이다. 지금도 태국 방콕의 큰 병원인 성 루이스 병원, 방콕 선교병원, 카밀리안 병원, 방콕 기독교 병원, 그리고 치앙마이의 맥코믹 병원은 선교사들이 세운 것으로 태국 사회에 크게 기여하고 있다.

영국이 인도를 식민지 통치할 때 스코틀랜드 장로교회는 인도에 많은 학교를 세웠다. 알렉산더 두프는 영국 스코틀랜드 장로교회에서 파송된 선교사로 교육을 통하여 인도를 문명화하는 것이 복음을 위한 준비(preparatio evangelica: proparation for evangelism)로 보았다. 스코틀랜드 장로교회는 인도 여러 지역에 많은 학교를 설립하였다. 인도 북부 오지라 할 수 있는 히말라야 산맥에 위치한 시킴 지역에까지 전도하면서 학교와 병원을 설립하였다. 그들이 세운 병원과 학교는 아직도 시킴에 남아있다. 서구 선교사들은 서구 문명은 우월하고 인도 문명은 열등하다고 생각하고 특히 영어 교육을 중시하였다고 비방하는 자들이 있지만 다 그런 것은 아니다. 버마에서 침례교 선교사들은 중등학교와 대학까지 세우면서 영어교육 보다 현지어를 더 중시하였다.

그러나 선교사들은 당시 선교지의 야만적인 풍습과 문화에 대하여는 부정적이었다. 알렉산더 두프는 힌두교는 모든 인도 문제의 원인으로 간주하고 힌두교를 부정적으로 생각하였다. 그는 인도인을 지적으로 영국 화하면 그들을 기독교로 회심하는데 용이할 것이라고 판단하였다.[9]

태국은 미국 북장로교회가 선교를 주도하면서 병원, 학교, 자선기관들을 많이 세워 태국의 근대화에 기여하였다. 당시 태국 국왕 라마 4세(Mongkut Pra Chom Klao)는 태국을 근대화하기 위하여 태국에 온 서양 선교사들로 영어와 서구 문물을 배우려고 선교사들을 궁전으로 불러들인다. 일본도 거의 동시대에 서양 문물을 배우는데, 일본은 소위 신사유람단을 전 세계에 보내어 서구 문화를 배우도록 하는 것과는 대조가 된다. 라마 4세는 왕으로 즉위하기 전에 27동안 승려생활을 하였는데, 그때 장로교 ABCFM의 케스웰(Jesse Caswell)을 절로 불러들여서 서양 문물을 공부했다. 그는 아시아에서 영어를 이해하고 읽고 쓸 줄 아는 첫 임금이다. 그는 수년 후 왕이 된 다음 미국해외선교회, 침례교 선교부 장로교 선교부의 여 선교사들을 동원하여 일요일과 공휴일을 제외하고 매일 39명의 처와 첩들 및 왕실에 근무하는 여자들에게는 영어를 가르치게 하였다. 라마 4세는 후일 미국 선교사들이 태국 근대화에 끼친 공헌을 크게 칭찬하였다. 그러나 그는 선교사들에게 노골적으로 "나는 서양의 과학, 지질학, 화학을 배우기 원한다. 그러나 나는 결코 기독교는 믿지 않을 것이다."고 말하였다.[10]

태국은 선교사들이 세운 대학교나 각종 학교들은 그 나라에서 중요한 교육기관으로 정착하고 발전하였다. 작은 신학교가 큰 대학교로 발전하였다. 일본의 대부분 대학교들은 선교사에 의하여 세워졌다고 하여도 과언이 아니다. 동경대학은 화란 출신 미국 선교사 Gouldo Fridolin Verbeck가 설립에 참여 초대 학장으로 봉사하였다. 그는 일본의 문호 개방과 기독교 자유를 허용하는데 큰 역할을 하였다. 일본 천황은 그에게 최고의 훈장(the Order of the Rising Sun)을 수여 하였다.

한편 문명화 전략이 많은 도움을 주었지만 식민지 국가의 지식인들과 문화 보수주의자들과 종교지도자들은 저항감을 보이기 시작하였다. 특히 오랜 역사와 전통과 문화를 자랑하는 중국과 인도는 더 자존심의 상처를 받았다. 그들의 눈에는 선교사는 식민주의 앞잡이, 문화 침략자에 불과하였다. 중국의 의화단 사건은 대표적인 케이스이다. 중국에서 많은 선교사들은 수난을 당하였다. 선교사들이 이식한 문명화 모델은 불가피하게 선교사들 나라인 서구의 우수한 교육제도, 과학, 사회제도, 교통, 통신 등을 이식한 것이다.

이 저항은 불가피하게 반 기독교적이 될 수밖에 없다. 19세기 중반에 영국군에 편입된 인도 군인을 아예 영어 Mutiny라고 하는데, 그 뜻은 반항, 저항을 의미한다. 즉 권위자들에게 대한 반항하는 자들을 의미한다. 인도 군인 중에 많은 비 기독교인들이 영국군에게 반란을 일으킬 때 많은 인도 기독교 신자들은 처신이 어려웠다.

결 론

19세기 문명화 선교는 선교지 나라들을 복음화 하는 데는 성공하지 못하였다. 문명화라는 이름으로 배고픈 자에게 빵을 주고 병든 자를 고쳐주고 배우지 못한 자들에게 가르치는 것이다. 박애주의의 봉사(humanitarian mission)가 영혼을 구원하는 것은 아니다. 인도 선교 지도자 요하난은 인도와 태국에서 서구 선교가 구제, 봉사, 의료에 막대한 지원을 하였지만 영혼들이 예수 그리스도 없이 영원한 형벌로 떨어지는 것을 막지는 못한다고 개탄하였다.[11]

문명화는 아시아인들의 마음 문을 열지 못하였다. 서구 문명을 수용하여 나라를 발전시킨 일본, 인도, 태국 등은 서구 선교가 남긴 문명화의 유산의 혜택을 보고 있다. 그러나 이들 나라들은 복음 전파의 문은 열린 것 같으나 마음 문은 굳게 닫혀있다. 인도에서 교육 선교를 통하여 초기에는 많은 힌두교 청년들이 기독교로 개종하였다. 그러나 곧 학교 선교는 한계에 부딪힌다. 선교가 비기독교 종교의 문제점을 지적하지만 동시에 교육이 도입한 서구의 합리주의와 과학주의는 이들로 하여금 기독교에 눈을 돌리게 하기보다는 세속주의를 더 선택하며 20세기에 불어 닥친 민족주의 바람은 아시아의 지성인들을 기독교에서 멀어지게 하였다.

서구 식민지는 아시아에서 선교의 문을 열게 하였다. 그러나 서구 식민지 국가들은 아시아에서 땅과 자원은 정복하였지만 영혼을 정복하는 데는 실패하였다. 영국은 200년 이상 인도를 식민지로 지배하였으나 지금 인도 기독교 인구는 2.5%에 불과하다. 인도차이나에서 프랑스 식민지도 선교로는 실패하였다고 보아야 할 것이다. 네덜란드는 수백 년 동안 인도네시아를 통치하였으나 이슬람을 기독교로 바꾸지 못하였다. 서구 문명과 기독교가 아시아에서 '어두움의 종교'를 소멸시킬 것으로 어두움의 종교는 건재하고 더 부흥하고 있다. 아시아에서 개종 운동은 19세기 후반 복음화 선교의 결과이다.

제5장

문명화에서 복음화로

19세기 중반 서구 선교는 문명화에 대한 반작용으로 직접 전도와 교회 개척을 중시하는 자립(self-support) 자치(self-government), 자력전파(self propagation)의 3자 이론이 등장한다. 미국 해외선교회 총무 루푸스 엔더선과 영국 국교회선교회 총무 헨리 벤의 3자 이론은 동시에 일어난 것은 하나님의 특별한 시대적 섭리라고 생각한다. 그러나 이들의 이론은 모라비아 선교와 안소니 그로버스 자립 선교의 연장선상에서 이해해야 할 것이다. 이 후 많은 서구 선교 단체들은, 심지어 교단 선교부도 3자 원리에 기초한 선교전략을 수립함으로 사실상 서구 선교는 선교 이념과 전략에서 합의(Consensus)를 형성하였다.

3자 원리의 의미는 선교는 결코 문명화가 우선이 아니며, 문명화 선교는 서구 문명과 백인 우월주의에 기초한 것이라는 자아비판이 내포된 것이다. 동시에 서구 식민지적 사고와 철학이 선교에서 배제되어야 한다는 논리이다. 헨리 벤이 아프리카에서 흑인 지도자를 감독으로 임명한 것은 인종차별의 영국 국교회에 대한 치명적 도전이었다. 가난한 원주민 교회에 경제적 지원을 중단하는 것은 냉혹한 처사 같지만 그것이 도리어 그들의 자존심을 살리는 것이라는 것이 자립 이념이다. 자립 선교로 부흥한 대표적인 교회는 미안마 카렌족 교회와 한국교회이다.

1. 자립 선교의 선구자 : 그로버스

19세기 자립 선교의 원조는 잉글랜드 선교사 안소니 그로버스(Anthony Norris Groves : 1795-1853)이다. 그는 헨리 벤(Heney Venn)과 루푸스 엔더슨(Rufus Anderson) 보다 14년 전에 자립 원리를 제창하고 실천하였다. 한 선교 학자는 그를 "잊혀진 선교 학자"로 묘사한다. 영국의 유명한 고아 운동가 조지 뮬러는 그로버스의 매형으로, 처남의 자립 선교에 감동을 받고 기도를 통하여 기부금을 받아 2만 명의 고아를 먹임으로 세계적인 고아의 아버지가 되었다. 이 두 사람의 신앙 선교는 허드슨 테일러에게 큰 영향을 주었다.

그로버스의 자립이론은 성경관과 교회론과 깊은 관련이 있다. 그는 영국 국교회 출신으로 국교회 신학교에 다니다가 산상보훈을 읽고 예수님과 바울과 같이 희생하면서 선교하는 정신을 실천하려고 생각을 하게 된다. 처음에는 CMS를 통하여 선교사로 나가려고 하였으나 그의 부인의 반대로 중단하고 8년 후에는 국교회와 칼빈주의 신자들과의 교제를 하던 중 구원의 확신을 체험하게 된다. 그는 자비량 선교를 휘하여 치과 의사 수련을 하는 동안 산상보훈을 읽고, 예수님의 명령을 그대로 실천할 의무가 있다는 것을 깨닫고 1825년 『크리스천의 경건』이라는 소책자를 출판한다. 저서에서 그는 동료신자들에게 저금과 모든 재산을 다 팔아 세계 선교를 지원할 것을 호소한다.

영국 국교회 신자인 그로버스는 국교회와 결별하여 독자로 선교지로 간다. 그는 비국교 신자들의 모임에 참여하면서 국교회의 성례전만이 진리가 아니라고 생각하고 국교회에서 안수 받는 것을 포기하고, 1828년 후원자 없이 가족들을 데리고 바그다드로 무슬림 선교를 위하여 떠났다. 그는 바그다드에서 바젤선교회 독일 선교사 칼 판더를 만나 작은 학교를 설립한다. 그는 소년 소녀들을 위하여 대중 아랍어로 성경을 번역하였다. 그러나 불행하게도 그가 바그다드에 도착한지 일 년 후에 내전이 발생하고 홍수로 인하여 유행병 등 많은 질병과 전란으로 바그다드 사람 1/3이 이상이 죽게 되는데, 그때 그의 부인도 사망한다. 그리하여 그는 인도로 선교지를 이동한다.

그로버스는 1840년 "이교도 선교에 대한 서신"에서 선교회가 추구하는 선교 사역은 성경적 교회론에 근거해야 하고 선교 원리는 신약에서 배워야 한다고 강하게 역설하면서 자립 선교론을 제창한다.

그의 선교는 처음부터 현지인을 동역자로 존중하면서 선교하였다. 이것은 당시 선교사들이 현지인을 종으로 취급하는 것과는 전혀 달랐다. 그는 현지인과 함께 교회를 개척하고, 다음 다른 현지 교회를 개척할 때는 현지 교회가 전도자를 파송하고, 현지 교회가 외국 선교회 도움 없이 모든 책임을 감당하도록 하였다. 더 나아가서 선교에 관한 일은 선교사나 인도교인은 하나님의 직접적인 지도를 받아야 한다고 하였다. 현지인들이 적극적으로 봉사하는 가운데서 현지인 지도자가 일어나야 하고, 선교사와 현지인 전도자가 함께 파트너가 되어 근검한 생활을 하면서 믿음으로 복음 전할 것을 호소하였다.

그는 인도에서 영국 선교사들이 세운 선교부의 재산과 기관들을 현지인들에게 이양할 때 발생하는 모든 어려운 일들을 미리 예언하였다. 그로버스는 처음부터 선교사와 현지인의 구분이 없이 함께 하면서 자립하고 현지인들이 스스로 전도하고, 현지인 교회들이 약한 교회를 도우는 선교 모델을 실행하였다. 그로버스의 이 원리는 20세기 초기 영국 국교회 선교사 롤란드 알렌(Roland Allen)에 의하여 그대로 실행되어졌다.[1]

2. 루프스 앤더슨과 헨리 벤의 자립 이론

앤더슨(Rufus Anderson)과 벤(Henry Venn)은 동시대에 비슷한 나이에 각각 선교부 총무로서 거의 같은 선교 방법과 전략 및 원리를 발전시켰다. 그들은 신약의 선교로 복귀를 외치면서, 문명화를 선교의 목적으로 생각하는 것을 정면으로 거부하고 전도 우선의 선교를 역설하였다. 그들의 복음화의 핵심은 자립이론이었다. 루프스 앤더슨과 헨리 벤은 당시 서구 선교는 복음화보다 문명화에 더 역점을 두었다고 간주하고 총무로서 과감하게 방향전환을 시도하였다. 물론 반대도 있었지만 그들의 선교이론이 적중한 것으로 드러난다.

앤더슨은 미국 뉴잉글랜드를 실례로 들면서 미국 문명은 복음으로 인한 결과임을 시인하면서도, 문명은 복음의 열매로 오랜 시간을 통하여 달성되는 것이지만 기독교와 문명을 동일시하는 오류를 범하여서는 안 된다고 충고한다.

앤더슨이 속한 미국해외선교회는 처음에 장로교와 회중교회가 함께 만든 선교회이기 때문에 장로교의 신앙고백이 많은 영향이 있었다. 독일 선교학자 토마스 쉴마허(Thomas Schirrmacher) 박사에 의하면 19세기 자립 교회의 사상은 종교개혁자들이 신약성경에서 발전시켰다는 것이

다. 이러한 점에서 앤더슨의 3자 이론은 칼빈주의적 신앙고백과 밀접한 관련이 있다.[2]

앤더슨은 역사가 짧은 미국 해외선교회의 선교 정책을 바꾸는데 큰 역할을 하였다. 당시 ABCFM은 교육과 의료봉사에 더 주력하였어다. 가난과 문맹의 미개발을 불쌍히 여긴 선교사들은 봉사와 교육 사업에 역점을 두어, 교회보다는 학교를 세우는데 비중을 두었고, 영혼의 병을 고치는데 주력하기 보다는 육신의 병을 치료하는 병원 설립에 더 많은 투자를 하였다. 앤더슨은 터키, 인도, 하와이를 방문한 후 이러한 종래의 선교를 일대 혁신하는 용단을 내리고 3자 원리를 채택하게 된다. 그는 학교 설립 대신에 원주민 교회를, 서구 문화에 착색된 기독교 보다는 토착적인 기독교를 더 선호 하였으며, 인사와 재정에서도 독립을 강조하였다.[3] 그의 이러한 원주민 문화의 존중과 경제적인 자립정신으로 인하여, 선교지에서 발행되는 영어신문과 학교의 유용성을 완전히 불신하고, 과거와 현재의 선교 활동에 대한 철저한 보고를 선교사들에게 요구하였다.[4]

그는 사도시대에는 이교의 로마 세계가 오히려 문명이 발전하였고 복음을 전하는 유대가 문명이 발전하지 못하였다는 점에서, 문명과 기독교 종교를 동일시하는 것은 잘못이라는 것이다. 이러한 그의 사상으로 인하여 교육 중시의 선교를 배격한다. 당시의 선교사들은 교회 지도자를 양육하기 위한 수단으로 일반 교육을 중하게 여겼다. 여기에 대하여 앤더슨은 선교부가 "미션 스쿨에 많은 투자를 한 것은 치명적인 상처를 주었다."라고 역설한다.

그는 선교하는 뉴잉글랜드(미국 동부 지역을 의미함)는 하나님의 은혜로 문명화되어 선교를 하지만 문명화는 선교에 방해가 된다고 생각하였다. 기독교 종교를 좋은 교육, 산업, 시민의 자유, 가족, 사회질서, 생산, 질서를 공동체와 동일시해서는 안 된다고 하였다. 이러한 문명화 메시지는 회심자들에게 기독교 신앙을 물질의 축복과 문명의 진보로 오해하게 할 수 있다고 하였다.[5]

앤더슨은 바울 선교는 자립 선교의 모델임을 강조하였다. 하나님의 교회는 성령이 역사함으로 경제적으로 자립할 수 있고, 행정적으로 자립 가능하다는 확신을 가졌다. 헨리 벤은 영국교회의 강력한 반대에도 불구하고 흑인 목사를 감독으로 임명하였다.

1) 자립 선교 원리의 의미

자립, 자치, 자력전파의 자립 원리는 당시 서구 식민지 시대에 정치적 의미가 있다. 문명화 선교는 서구 우월주의에 근거하였다는 것은 이미 지적하였다. 당시 서구 교회와 선교사들, 비록 일부지만, 기독교와 서구 문명이 비서구에 보급되면 우상문화도 결국 사라질 것이라고 낙관하였다. 계몽주의와 공산주의도 동일한 생각에 사로 잡혀있었다. 기독교와 서구 문명이 비서구에 들어가면 '이방종교와 문화'는 사라지거나 변화될 것으로 낙관하면서 선교사들도 문명화에 열중하였다. 엔더슨과 벤은 문명화 선교에 제동을 걸고 전도위주의 선교로 방향을 전환할 것을 강력하게 촉구하였다.

양자는 선교 목적은 예수 그리스도의 복음을 전하여 자립, 자치, 자력전파의 원주민 교회 설립하는 것이었다. 그들은 순수한 복음을 성령을 의존하고 전파하면 전도가 잘 될 것으로 낙관하였고, 복음만이 문명화를 초래한다고 확신하였다. 엔더슨은 ABCFM이 선교하는 지역에서 전도가 잘 되는 것을 다음과 같이 말한다.

> 샌드위치 군도를 보십시오. 남태평양의 많은 섬들을 보십시오. 뉴질랜
> 드를 보십시오. 그리고 미국의 체로키 인디안과 촉토우 인디언들을 보
> 십시오. 이들 거친 인디언(wild Indian)들은 문명화되고 기독교화 되었
> 습니다. 지금 서아시아에서는 두 개의 종교적 개혁운동이 전개되고 있
> 는데, 하나는 아르미니안이며 다른 하나는 네스토리안입니다. 아프리
> 카의 서부와 남쪽을 보십시오. 수천 명의 아프리카인들이 교회로 모여
> 들었습니다.[6]

3자 이론가들은 현지인들이 비로 가난하지만 돈을 주지 않는 것이 도
리어 현지인들을 존중하고 선교사의 지배에서 빨리 해방되는 것으로 생
각했다. 19세기 영국에서도 아프리카 흑인 무시하는 인종주의가 보통이
었다. 유럽도 예외는 아니었다. 어느 덴마크 왕은 선교사가 아프리카로
간다고 하자 큰 소리로 "흑인들에게 영혼이 있느냐?"라고 하였다. 영국
의 복음주의 신자들이 노예장사에 개입한 것도 이와 유사다. 「어메이징
그레이스」(Amazing Grace) 작가 뉴턴 목사도 노예선 선장이었다. 이러
한 시대적 배경에서 헨리 벤은 아프리카 현지인을 목사와 감독으로 세
울 것을 주장하면서 크로더라는 흑인 목사를 옥스퍼드에 데려와서 공부
시키고 후일 그를 감독으로 임명하였다. 이것은 획기적인 일이다. 앤더
슨이 없는 하와이와 인도의 선교를 생각할 수 없는 것 같이 헨리 벤이
없이는 서부 아프리카 선교를 논할 수 없다고 할 만큼, 헨리 벤은 나이
제리아 교회를 위시한 서부 아프리카에서 절대적 영향력을 행사한다.

지금도 아프리카 교회는 아프리카 흑인 교회의 자립을 역설한 헨리

벤을 영적 아버지로 존경한다. 19세기 벤의 동시대인이었던 흑인 작가 에드워드 블리덴은 벤에게 보내는 한 편지에서 다음과 그를 찬양하였다. "나는 하나님께서 당신이 하는 이 아프리카 일을 위하여 당신의 생명과 건강을 아끼실 것으로 믿습니다. 헨리 벤의 적극적 영향력이 아프리카 교회에서 제거될 때는 아프리카는 바로 흑암의 날이 될 것입니다. 당신이야말로 진정 우리 이스라엘의 병거요 말입니다."7)

벤의 자립 선교 이론은 현지인에 의한 현지인 교회라는 자치를 강조하였다. 그의 자립 이론은 아프리카의 자아의식과 독립심을 고양하였거니와 사실상 민주주의의 씨가 되기도 하였다. 이 점에서 아프리카의 민족주의와 민주주의는 벤의 자립 이론과도 절대적인 관계가 있고, 이것은 마치 한국교회의 네비우스 자립 이론이 우리들에게 독립심을 심어준 것과 동일하다.

앤더슨의 자립 이론은 화란의 선교학자 베르쿠일이 지적한 것 같이 신생 교회의 교회적 식민주의(ecclesiatical colonialism)를 탈피하자는 것이다. 즉 그는 교회를 서구 식민주의의 전초기치로 삼는 교회 설립의 선교도 반대하였으며, 문화적으로는 아시아, 아프리카, 태평양에 서구 교회의 복사판 식의 교회 설립을 완강하게 거부하였다.8) 그는 교회 건축과 교회 정치는 지방 문화와 환경에 적응할 것을 말한다. 두 사람의 자립원리를 요약하면 다음과 같다.

첫째, 자립 원리를 발전시킨 벤과 앤더슨은 선교 원리와 전략을 성경과 바울에게서 찾았다.

둘째, 자립 원리는 교회와 선교는 성령에 의존해야 한다는 것을 확신한 자들이다.

셋째, 자립 원리는 말씀 전파를 통하여 교회를 세우는 것이 문명화를 가져온다는 것을 강조하였다.

넷째, 자립 원리는 원주민에 의한 원주민 선교, 즉 민족 복음화의 원리이다.

다섯째, 자립 이론은 원주민의 동등함(identity)을 존중하고 문화를 존중하는 토착화의 효시이다.

여섯째, 자립 이론은 선교는 죽고(euthanasia) 교회는 흥해야한다는 선교의 겸손을 가르친다.

일곱째, 자립 이론은 원주민 사역자의 자격을 학문에 두지 아니하고 신앙, 인격, 헌신을 중시하고 토착적 모델의 신학 교육을 강조한다.

여덟째, 자립 이론은 하나님의 교회는 하나님이 섭리하신다는 순수하고도 단순한 신앙 논리에 기초한다. 아울러 성경과 성령의 역사만이 교회를 부흥시킨다는 영성주의이며 경건주의이다.

아홉째, 자립 이론은 교회에서 평신도의 은사와 사역을 중시하는 평신도신학이다.

앤더슨의 선교의 목적은 처음부터 그리스도를 통하여 인간이 하나님과 화해하는 것이었다. 앤더슨은 바울을 실례로 들면서 선교회의 가장 중요한 본질과 목적은 인간들이 예수를 주로 믿어 하나님과 화해하도록 복음을 전파하는 것으로 분명하게 다음과 같이 천명한다.

그는 선교의 목적을 두 가지로 요약한다. 즉 인간을 설득하여 하나님과 화해시키는 것과, 여러 수단을 이용하여 그 지방의 원주민 교회들을 설립하는 것. "선교는 성경적이고 자력 전파(self-propagating)하는 기독교를 전파시키기 위함이다. 이것이 선교의 유일한 목적이다."

2) 그의 신학

그러면 당시 복음주의가 회심을 선교의 목적으로 한 것을 신학적으로 어떻게 보아야 할 것인가? 물론 성경에 전도자들이 이방인의 회심을 강조하는 점에서 결코 비성경적이 아니다. 그러나 앤더슨은 장로교적 신앙고백을 채택한 회중교회 출신이지만, 그의 선교신학의 핵심은 철저하게 개혁주의 전통을 계승한 것은 아니다. 19세기 초기까지만 하여도 미국의 일부 선교회와 선교사들은 하나님의 영광을 선교의 목적으로 우선시하는 경향이 있었다. 하지만 앤더슨은 하나님의 영광(Gloria Dei)보다는 이방인의 회심을 더 중시한 점에서 종교적 휴머니스트라고 하겠다. 비버에 의하면 "17세기부터 19세기 초기 미국에서 선교운동이 일어날 때만 하여도 미국선교의 주요 동기는 하나님의 영광이었다. 그러나 이상하게도 하나님의 영광의 신학은 영향력을 상실하고 대신에 그리스도에 대한 복종과 멸망하여 가는 이방인에 대한 연민이 선교의 동기가 되어버렸다."9)

앤더슨은 복음화에 대하여 너무 낙관적이었다. 그는 성령의 역사, 특히 요엘 선지자가 예언한 말세에 남녀종들에게 성령을 물 붓듯 주어 주시리라는 말씀을 선교운동에 적용하면서, 성령이 임하시면 많은 이방인들이 그리스도에게로 돌아온다는 강한 확신을 가졌다. 그는 이미 19세기 중순에 태평양 군도와 인고의 일부 지방, 그리고 버마의 카렌족들에게서 일어나는 집단개종 운동을 요엘이 예언한 성령강림의 성취로 해석하였다. 아울러 그는 신약의 "때가 찼다"(the fullness of the time)는 말씀을 이방인들이 하나님께로 돌아오는 선교의 시대로 간주하고, 그것이 이미 현실화 되는 것으로 낙관하였다.

앤더슨 시대의 신학 사상은 천 년 왕국설이 한창 관심사가 되어졌다. 당시 미국교회는 천 년 왕국의 전야가 되어 그리스도가 곧 영광 중에 재림할 것으로 기대하였다. 중국의 개방(앤더슨은 당시 중국 인구를 3억 5천만으로 계산한다), 통신의 발전, 상업의 발전, 유럽과 미국의 문화의 강력한 명성은 전도에 도움이 되는 것으로 찬양하였다. 또한 당시 한 유대인이 회심할 때마다 전해지는 희소식은 이스라엘의 회복의 증거로 생각하였다. 예수 그리스도가 재림하여 그의 성도들과 함께 지상을 다스리신다면, 수년 내에 복음이 온 세계에 전파되어야 한다는 주장이다. 그러면 유대인들이 고향으로 돌아오고 그리스도의 적들은 멸망하고, 이방인들은 다 영원한 지옥불로 들어갈 것이다. 천 년 왕국의 임박한 임재는 부득이 이방인들의 구원을 긴급하게 한다. 여기서 멸망하여 가는 이방인에 대한 연민이 감상적으로 선교의 목적으로 등장 하였다. 이러한 역사적, 신학적 배경에서 그는 당시의 시대를 때가 찬 것으로 혹은 성령의 시대로(the dispensation of the Holy Spirit) 역설하였다.

3) 소달리티 선교 구조 강조

소달리티(Sodality)란 랄프 윈터박사가 즐겨 사용한 말로서 초교파 선교회를 의미한다. 앤더슨은 초교파 선교회의 성경적 정당성을 강조하기 위하여 예수님께서 제자들에게 명령한 선교의 대사명(The Great Commission)을 강조한다. 그는 선교의 대사명 본문인 마태복음 28장 16절 이하를 개교회, 노회, 총회를 대상으로 한 것이 아니라 헌신적인 신자 개인으로 해석하였다. 그는 선교란 교회와 선교사의 접촉이라는 사실을 완전히 거부하는 인상을 주었다. 그의 선교사 개념은 특이한 면이 없지 아니하다. 그는 선교사란 개교회의 목사와는 전혀 다른 직분으로 해석한다. 초대 교회의 사도와 전도자는 선교사에 의하여 계승되고 선교회가 선교사를 임명할 권리가 있다고 해석한다. 그는 선교회는 교회를 대표하여 선교를 대행하는 기구로 보지 않았다. ABCFM은 아마도 최초의 초교파 선교회라고 말하는데, 앤더슨의 선교회 위주의 선교관은 교파 교회로부터 반발을 받았다.

4) 자립 원리(indigeneous principle)

앤더슨의 자립 원리는 신생 교회가 서구 교회로부터 독립하는 것이며 선교사의 안락사(euthanasia)로 요약할 수 있다. 그는 선교사와 원주민 교회간의 관계를 세례 요한과 예수님의 관계로 비유한다. "자신은 쇠하여야 하고 예수님은 흥하여야 하리라."(요 3:30). 원주민 교회는 흥해야 하고 선교는 쇠해야 한다. 그는 처음부터 하나님의 교회는 성령의 능력으로 인하여 신생 교회의 가능성을 믿었고, 이것을 하와이와 인도에서 목격하였다. 그는 현지인 교회의 물질적 가난과 도덕적 결함이 자립에 결코 장애가 되지 않는다는 것을 강조하였다. 3자 원리의 중요한 요인을 성경에서 실례를 든다. 사도들의 교회도 개 교회가 목사나 장로를 경제적으로 책임졌다.

앤더슨은 1858년 영국 교회선교회 총무 헨리 벤에게 보내는 서신에서 선교의 목적은 하나님의 축복으로 독립적이고 자립하며 자치하는 교회를 건설하는 것이라고 밝혔다. 그러나 앤더슨에게서 교회 조직과 자율성은 전도의 차원에서 말하는 것이기 때문에 자연히 그는 자립, 자치, 자력전파 가운데서 자력전파에 우선을 두었다. 그가 역설한 것은 반복으로 자립, 자치하는 교회는 스스로 전도를 할 수 있다고 믿었다. 또한 그의 교회관은 교회 자체가 목적이 아니라 전도와 선교를 위한 수단임을 강조한다. 교회는 지역을 비추는 하나님이 세우신 능력의 원천이며 선교의 큰 힘이요 누룩이다. 이러한 그의 교회관으로 인하여 그는 원주민 교회의 자유와 책임과 자아 충족성을 확신하였다.

앤더슨의 한 가지 약점은, 원주민 교회가 자립하면 선교사는 멀리 떠나는 것을 강조한다. 그러나 사도 바울은 세운 교회를 항상 생각하고 아버지의 심정으로 교회를 돌아보았는데, 선교사도 교회의 아버지 같은 입장으로 자문 역할을 계속 수행해야 한다.

5) 원주민 교회의 가치

선교사들이 선교를 함에 있어서 현실적으로 직면하는 문제점은 원주민 교회의 영적, 도덕적 상황을 어떻게 평가하느냐 하는 것이다. 앤더슨은 "원주민 교회의 가치"라는 글에서 원주민 개종자들의 신앙과 도덕성을 믿는데 결코 인색하지 않았다. 그는 "원주민 교회의 가치는 원주민 회심자와 목사들의 가치를 평가함으로 알 수 있다." 나는 금광에서 아주 풍부한 표본을 발견한다고 생각하며, 이러한 좋은 표본은 메시야의 왕국을 확장시키는 성령의 역사라고 믿는다."라고 함으로 성령께서 원주민 교회와 사회를 정화한다는 신앙을 가졌다. 따라서 그는 이러한 강한 소신과 신념으로 인하여 선교의 목적은 교회 설립과 사회개량, 혹은 문명화라는 이중적 목적은 결코 용납할 수 없다고 하였다. 선교지 문화의 야만적인 풍속이나 사회의 무질서, 부조리 등은 어디까지니 선교사들에 의한 사회개량이나 문명화의 노력에 의하여 되는 것이 아니라, 오직 십자가의 복음에 의하여서만이 가능하다고 하였다. 이교 세계를 더럽게 하는 사회적 무질서와 악덕들의 원천은 부패한 인간의 마음에 있기 때문에 복음만이 유일하고도 궁극적인 치료제이다.

앤더슨의 사회변화 이론은 철저히 복음에 의존하는 것이다. 즉 십자가의 복음에 의하여 중생한 개인만이 사회를 변화시킬 수 있다. 따라서 중생한 신자는 변화 요인자(change agent)이다. 현대 선교도 개인의 중생이냐 사회 변혁이냐로 양분화되고 있으며, 사회변혁에 우선권을 두는 자들은 개인 중생에 의한 변혁 이론을 명목상 변혁주의로 배격한다. 따라서 사회 변혁에 우선권을 두는 자들은 앤더슨의 이론에 물론 동의하지 않을 것이다. 하지만 지금도 사회 변혁을 시도하는 선교가 사회를 변화시키지 못한다는 것은 현실이 증명한다. 1960년대 초기 파푸아 뉴기니아 등의 미개한 지역이 직접 전도를 우선한 헌신적인 선교사들에 의하여 사회개선이 실현되었다는 사실은 앤더슨의 사상이 지금도 타당하다는 것을 의미한다.

19세기에 찰스 다윈이 남미의 한 식인종 부족이 선교사의 전도에 의하여 악한 풍속과 전통을 버리고 완전히 변화된 모습을 보고 감화를 받은 나머지, 남미선교회에 선교헌금을 보내면서 준회원으로 받아주기를 제의하는 편지를 한 것은 선교의 유명한 에피소드이다. 그러나 앤더슨이 미국의 남부지방에는 복음적인 설교가 있었다면 노예제도가 더 이상 지속되지 않을 것 이라고 하는 말에서는, 복음 전도가 노예제도를 위시한 많은 사회악들을 자동으로 폐지시킬 것으로 보는 낙관론도 다소 엿보인다.

6) 기타 그의 선교 전략

앤더슨은 선교사가 원주민 교회를 목회하는 것을 철저히 반대하고, 이방인 중에 세워진 교회에 원주민 목회자를 세울 때에 진정한 토착화가 된다고 하였다. 출애굽기 19장 5절에서 하나님께서는 모세를 통하여 하나님의 백성들을 하나님의 소유라고 하였는데, 본문의 소유는 부동산을 의미한다. 이것은 선교에도 적용된다. 앤더슨은 원주민 사역자를 자립, 자력 전파하는 에너지로, 또한 그리스도께서 교회에 부여하시는 가장 위대한 선물로 보았다. 그러므로 교회의 자치와 교회 확장은 궁극적으로 원주민 지도자의 손에 맡겨야한다. 이들 원주민 지도자 없이는 토착 교회를 세운다는 것은 불가능 하다. 원주민 지도자를 중시하는 앤더슨의 영향으로 미국 해외선교부는 원주민 교회가 설립되는 즉시 목사를 세우고 목사의 사례는 교회에 책임에 돌릴 것을 결정하였다. 그는 네비우스와 같이 선교사가 원주민 사역자의 생활비를 담당하는 것을 반대하였다. 혹시 하더라도 잠정적이거나 특수한 경우에만 하도록 하였다. 아울러 그는 원주민 사역자를 양성하기 위하여 신학 교육의 중요성을 역설하였다. 앤더슨은 원주민 목회자들과 설교자들이 성경적인 목회를 하고 사람들을 영적으로 잘 인도하기 위해서는 높은 수준의 신학 교육을 해야 한다고 주장하였다.

그러나 그는 설교자로서 목회를 강조하면서도 신학 교육 이전에 인문 교양 과목의 필요성을 강조하지 않았다. 인문 교양 과목의 가치를 낮게 평가한 것은 당시 선교지의 교육 수준이 너무 낮은데 기인한다. 초대 교회의 사도들이 선교할 때는 선교지의 교육 수준이 오히려 이스라엘 보다 높고 더 문명화된 사회였지만, 19세기의 대부분의 선교지는 초대 교회와는 상황이 전혀 정반대였다. 그는 신학 교육을 위한 예비 교육으로서 미션스쿨의 가치를 인정하려고 하지 않았다.

앤더슨의 신학교육 강조는 시행착오도 있었다. 스리랑카에서 신학교 학생들이 잘못한 일이 있었지만 앤더슨은 학생들에게 보다는 선교사들의 과도한 기대를 책망하였다. 교수와 학생들이 동성연애 사건 일으켜 57명 학생들을 퇴학 시키는 사건 발생하였다. 부잣집 학생들도 신학교를 오는데, 그들의 목적은 국가 공무원이 되는 것이었다. 국가 공무원은 영어가 필수임으로 영어 배울 목적으로 신학교에 온다. 그래서 선교사들은 영어를 많이 가르치기 보다는 현지어 교육에 더 주력하였다. 동시에 학생들에게 경제 지원을 중단함으로 어려움이 따랐다. 그럼에도 일부 현지 사역자들은 선교사에게 지원을 요청하자 주위 사람들은 고용된 사역자는 상업적인 고용(mercenary hirelings)이라고 비방하였고, 선교사들도 고용된 사역사자들은 신뢰할 수 없다고 원망하였다.

앤더슨은 원주민 목사를 가능한 속히 세워야 할 이유로 성경적 원리와 아울러 효율성과 경제성을 든다. 먼저 효율성의 아이디어는 영국이 인도를 정복할 때 인도 군인을 앞장세워 인도를 정복하여 인도의 많은 사람들을 지배하였다. "따라서 우리도 영적 전쟁에서 원주민 군대를 동원해야 한다. 왜 우리 선교는 원주민 군대를 가지지 않는가? 왜 우리는 많은 원주민 전도자를 가지지 못하는가?"

원주민 사역자를 활용할 때 시간적으로도 선교사보다 더 유리한 것은, 선교사들이 하는 것보다는 더 많은 일을 할 수 있다. 경제적으로도 인도에서 5명의 원주민을 10년 과정의 신학 교육을 시키는데 소요되는 경비는 인도에 결혼한 선교사 한 가정을 파송하는데 소요되는 경비보다 적게 든다. 이런 식으로 한 선교사를 지원하는 경비로 다섯 가정의 원주민 설교자를 지원할 수 있다는 것이다. 그는 한 사람의 원주민 사역자는 열 사람의 선교사보다 낫다는 선교의 교훈을 실천한 선교 행정가였다.

앤더슨은 신학 교육에서 저수준의 교육을 주장하였는데, 전도의 대상도 전형적인 개신교 선교의 원리를 따라 사회의 상류층이 아닌 중, 하류층이었다. 개신교는 로마 천주교의 일부 수도회와는 달리 중류나 하류를 선교의 대상으로 하여 성공을 하였는데 한국교회도 이 점에서 예외는 아니다. 앤더슨은 신약에 부자나 상류 계층의 명단이 나타나지만 많이 아니하고, 하나님의 나라는 소외된 사람들을 중심으로 힘차게 확장되어 나간다는 것이다.

그는 예수님께서는 그의 제자들에게 전도의 성공은 부자나 귀족들 가운데서 일어나는 것이 아니라는 것을 분명하게 가르치셨다는 것이다. 신령한 하나님의 나라의 기초는 부자들 가운데 놓여지는 것은 아니다. 신약에는 부자나 귀족들의 이름이 등장하지만 대부분의 사람들은 중류층과 가난한 계급이었다. 예수님이 중류나 하층 계급의 사람들을 중심으로 전도활동을 한 것같이 바울도 동일한 방식을 채택하여 성공을 하였다는 것이 앤더슨의 확신이다. 즉 바울은 사회적으로 하류 계층의 사람들에게서 전도를 시작하여 점차적으로 엘리트 계층으로 올라가는 상향식의 전략이다. 이점에서 앤더슨, 벤, 네비우스는 공통적으로 중 하류층 대상의 전도전략을 채택하여 선교에 큰 성공을 거두었다. 그 이유는 중 하류 계층이 복음에 대한 수용도(receptivity)가 높기 때문이다. 앤더슨은 집단의식(group consciousness)이 강한 비서구 사회에서 집단 개종을 시도할 만한데도 앤더슨은 서구적 개인주의에 근거하여 선교에서 집단주의를 철저히 배제하였다. 이것은 중세의 로마 천주교가 상류층을 먼저 개종시키고 다음 하류층을 대상으로 하는 하향적이고 집단 개종을 시도한 가톨리과는 완전히 다른 전략이다.

7) 앤더슨의 약점

그러나 복음주의 내에서도 앤더슨의 선교 원리를 비판하는 자들이 있었다. 먼저 앤더슨의 약점은 신학의 강조가 약하였다는 것이다. 일반적으로 신학과 선교, 혹은 신학과 전도는 균형을 이루기는 어려운 법이다. 신학에 치중하면 전도가 약하고, 전도가 강조되면 신학이 무시되는 경향이 있다. 신학자들은 전도에 무관심하고 전도자들은 신학에 무관심한데, 이것은 앤더슨에게도 예외는 아니라고 지적된다.

둘째, 앤더슨은 선교로 설립된 교회는 그리스도 안에서 자율성을 가져야 한다는 것이 핵심적인 사상이다. 그럼에도 불구하고 그가 관계된 선교지의 교회는 자율성을 가지지 못하고 선교사들이 오랫동안 보호자 노릇을 하였다는 점이다. 하와이와 인도에서 미국 해외선교회가 설립한 교회들은 회중 교회의 교회 정치 원리에 의하여 개교회가 독립성을 행사한 것이 아니라, 회중 교회의 원리와는 상치되는 선교사들로 구성된 초회중적 감독 기구의 지도를 받았다. 여기서 앤더슨의 선교는 이론과 실천의 괴리현상이 일어나게 되었다.

셋째, 앤더슨의 약점은 '교회적 선교'가 아닌 선교회의 선교이다. 이것은 결국 교회의 선교를 외치는 장로교의 하지와 노선을 달리하게 된다. 물론 앤더슨의 성장과 교육 배경이 초교파적 선교운동에 영향을 받았기 때문에 이것은 불가피하다. 그러나 선교는 교회에 속한 것이고, 이것을 실제적으로 도우기 위한 수단으로서 선교회의 필요성을 강조한 하지의 입장을 우리는 지지한다. 하지만 앤더슨이 교회 자립의 궁극적 목적은 어디까지나 개체 교회가 스스로 선교하는데 있다고 한 것은 성경적이라고 보아야 할 것이다. 신생 교회도 자기나라의 복음화는 스스로 하도록 해야지 선교사에게 영원히 의존할 수는 없는 것이다.

넷째, 앤더슨의 자립 원리는 토착 원리이지만 복음이 원주민의 문화에 뿌리를 내려야 한다는 토착화(indigenization)에까지는 도달하지 못하였다. 이것 역시 당시의 상황으로는 불가피한 상황이었는지 모른다. 19세기 초기 서구는 문화 인류학을 발전시키는 단계에 있었고, 비서구 문화는 낮게 평가하였다. 19세기 후반 독일 선교는 문화적 차원에서 토착화를 진지하게 논의 하였지만, 영미의 선교는 이러한 수준에까지 도달하지는 못하였다. 엔더슨 역시 비서구 문화를 낮게 평가하였으나, 그렇다고 선교지의 사람들에게 서구의 문화를 무조건 이식하는 것을 반대하였다.

앤더슨의 자립 원리는 위에서 몇 가지로 지적한 바와 같이 문제가 있는 것도 사실이지만, 이것은 본질적인 것이 아니라 비본질적인 것이다. 아울러 앤더슨은 19세기에 선교의 성경적 원리를 발견하였다는 점에서, 문명화에서 복음화로 선교의 방향을 바꾸었다는 점에서 그야말로 광야에서 외치는 소리였다. 하나님의 교회는 경제적 수준이나 문화적 수준과는 상관없이 하나님께서 역사하신다는 영적 원리를 우리들에게 가르쳐 주었다. 앤더슨이 강조하는 자립원리는 경제적 차원에서 자립이나 자력 전파도 중요하지만 선교지 교회와 사람들의 자율성과 독립성을 강조한 점에서 획기적인 것이다. 흔히들 서구선교와 식민주의를 동일시하지만 앤더슨의 자립원리는 사실상 여하한 종류의 식민주의도 배격한.

3. 교단 선교부의 등장

초교파 선교회는 교단 교회 선교로부터 반대에 부닥치게 된다. 미국과 서구에서는 선교는 교회에 속한다는 원리를 따라 교단 선교회를 조직한다. 미국 침례교회선교회(1814), 네덜란드 개혁파교회선교부(1831), 장로교 해외선교부(1831), 미국 성공회선교부(1835), 루터교 복음주의선교회(1844), 남침례교선교부(1845), 미국선교협회(American Missionaty Association, 1846), 미국과 해외기독교연합(American and Foreign Christian Union, 1850), 연합장로선교부(1861), 남장로교선교부(1861) 등이다.

교단 선교회는 불가피하게 초교파 선교회와 긴장 관계를 형성하게 된다. 19세기에 미국 장로교는 구학파와 신학 간의 심각한 신학 논쟁이 일어나는데 이것은 선교회의 본질에 대하여도 큰 영향을 주게 된다. 구학파의 대표자인 프린스턴신학교 조직 신학 교수 찰스 하지는 선교는 자발적인 선교회에 속하는 것이 아니라 개체 교회, 노회, 총회에 속하다는 것을 역설함으로 장로교가 회중 교회 주도의 미국 해외선교회에서 독자 노선을 걷도록 하는데 앞장을 선다.

우리는 세계를 복음화하는 일이 광범위한 의미에서 교회에 속한다는 것을 인정한다. 선교를 수행할 수 있는 권한은 노회, 대회(synods), 총회에 있다. 즉 하나님의 백성인 교회는 세상을 복음화해야 하는 모든 권한을 가지고 있다. 이러한 목적을 위하여 사용되는 가장 중요한 수단은 이방 중에 복음을 전하는 복음의 설교자들이다. 이러한 선교업무를 수행함에 있어서 완전한 기구를 갖춘 교회만이 권리가 있고, 자발적인 선교회나 교회가 지명하고 통제하는 선교회는 선교의 세속적인 분야를 책임 맡는다.[10]

초교파 선교회를 반대하고 선교를 교회에 돌리는 찰스 하지의 선교철학은 자연히 북장로교가 초교파 선교회인 미국 해외선교회로부터 독립하려는 결정에 적극 찬성하도록 영향 주는 것은 말할 필요도 없다. 그는 나아가 미국 해외선교회에 대하여 다음과 같이 불만을 노골적으로 표시한다. 하지는 미국 해외선교회는 장로교회가 선교회를 별도로 조직하는 것을 방해해서는 안 된다고 강하게 역설한다. 그리고 자발적 선교회 혹은 초교파 선교회라는 용어를 환영하지 않았다. 그러나 미국 해외선교회를 혹평하지는 않았다. 당시 자발적인 선교회의 타당성과 적절성에 대하여 적지 아니한 논쟁이 있었음을 보여준다. 하지 교수의 자발적 선교회에 대한 회의와 비판은 선교에 관한 원리와 수단에 대하여도 결국 종교개혁의 전통으로 복귀를 의미하는 것이다.

19세기 서구에서 등장한 선교운동은 신학적으로 평가하면, 선교의 메시지는 종교개혁의 전통에 기초한 것이지만 선교의 열정과 방법은 경건주의와 부흥운동에 더 많은 영향을 받았기 때문에 교회 중심의 선교보다는 헌신적 개인과 단체에 더 비중을 두었다. 하지는 선교를 철저하게 개인이나 "교회내의 교회"인 자발적 선교회에 돌리지 아니하고 교회에 귀속시켰는데, 장로교와 개혁주의는 지금까지 이 전통을 그대로 계승하고 있다고 보아야 할 것이다. 선교를 개인과 헌신적인 자발적인 선교회에 돌리는 앤더슨의 선교 원리에 대하여 이것을 서구적 개인주의의 소산이라고 해석하는 자들도 있다.

4. 19세기 자립 선교의 선교 단체

19세기 후반부터 지금까지 동남아에서 자립 원리를 실천하는 대표적인 선교회는 ABCFM, OMF, WEC, C&MA이다. C&MA는 베트남과 캄보디아에서 초기 약간의 경제 지원을 하였지만 정책을 바꾸어 자립 교회 개척을 실천하였다. 캄보디아의 이 선교회는 전도자 양성을 위하여 성경학교를 시작하면서 초기에는 학생들에게 등록금을 받지 않는 것은 물론 모든 필요한 돈을 제공하였다. 그러나 3년 후 선교회는 정책을 바꾸어 자립정신을 키우기 위하여 일절 지원을 중단하였다. 일부 학생들은 반발하고 학교를 중단하고 말았다. 그러나 그들은 소수의 남은 학생으로 학교를 계속하여 사역자를 양성하였다. 이 선교회는 이후 자립 원리를 고집하여 지금도 일절 현지 교회 재성 지원을 하지 않는다. 캄보디아나 베트남의 이 선교회는 대부분 가난하고 사역자들의 교육 수준이 낮다. 그러나 사역자들은 직업을 가지면서 목회를 하고 있다. 캄보디아에는 신학교가 없고 미국 선교사들이 본부에 훈련센터를 세워 정기적으로 사역자들을 소집 훈련하는 것으로 신학교를 대신한다. 베트남의 개신교회는 80%이상이 이 선교회가 세운 교회들이다,

ABCFM도 초기 지원을 하다가 자립 원리로 전환하면서 현지 교회가 목회자를 지원할 수 없으면 직업을 가지도록 정책을 세웠다. 동남아의 OMF, WEC은 지금도 철저하게 자립 원리를 실행하여 현지인 사역자들을 소그룹으로 전도 훈련을 시킨 후에 교회를 개척하도록 한다. 그야말

로 "맨땅에 헤딩하는 식"으로 한다. 일절 지원을 하지 않는다고 한다.

5. 19세기 자립 모델의 교회 : 카렌 교회와 한국교회

미얀마의 카렌교회는 시작하면서 산 속의 야만족 부족들로 알려 진 가난한 부족민들이었으나 복음을 받아들인 즉시 자립을 한 아시아 최초의 교회로 기록되어야 할 것이다. 카렌족들은 오래전부터 구전으로 내려오는 이야기가 있었다. 백인이 책을 가져와 주면 무조건 받으라는 것이었다. 그들의 설화는 희한하리만큼 창세기의 창조와 타락과 유사한 내용이 있었다. 지금도 카렌족은 복음을 가장 받아들이는 종족으로, 태국과 미얀마의 매조리티교회는 카렌족 교회이다. 카렌 침례교회의 자립, 자치는 1860년 영국 리버풀에서 열린 선교대회에서 크게 소개되었다. 리버풀선교대회는 세계선교 50년을 평가하는 선교대회로서, '앵글로색슨' 위주의 백인들 잔치였다. 이 대회에서 많은 선교지의 상황이 보고되었지만 가장 돋보인 것은 미얀마의 카렌족 교회였다. 침례교회 선교사들은 교회와 학교를 시작하면서 자립 원리를 가르치어 교인들이 목사 생활비를 부담하였다. 그리고 다른 카렌족들에게 전도하기 위하여 카렌족 전도자를 다른 지방으로 파송하였다. 카렌교회와 학교들의 자립 실천은 미얀마 사람들에게도 큰 감동을 주었다고 한다. 이것을 지켜 본 침례교 선교사들은 이들이야말로 성경대로 전도소와 학교들을 운영한다고 칭찬하였다. 즉 자립 실천이 성경적이라는 것이다. [11]

미얀마 침례교회는 1835년부터 1853년까지 학교를 많이 세웠는데, 그 학교들은 성인학교에서 어린이 학교, 심지어 성경을 가르치는 성경학교인데, 이 학교들도 농한기에만 공부를 하면서도 자립을 하였다. 일부 학부형들은 학교가 자기 자녀들에게 학교가 먹을 것도 다 줄줄 알았는데, 주지 않아 실망하였다고 한다. 1854년 버마 침례교회는 선교총회에서 모든 교회나 기관들은 자립원리를 실행할 것을 결의하고 미국교회에 후원을 기대하지 않기로 하였다. 현지인들을 도울 필요가 있을 경우는 현지 교회가 담당하지만 다만 도서나 학교가 필요한 것은 선교부가 도우도록 하였다.

한국교회는 자립 원리로 성공한 대표적 케이스이다. 19세기 한국 후반 한국교회가 급성장한 선교전략적 요인은 네비우스 원리, 즉 성경공부와 자립이었다. 그러나 문화적 요인으로는 샤머니즘으로 인하여 기독교가 저항없이 복음 전파가 되어졌다. 수용성이 높은 나라였다. 종교의 진공상태라고 할 수 있다. 아시아에서 가족들이 기독교를 못 믿게 하지만 당시 우리 사회는 조상제사 문제로 핍박이 있었지만 그렇게 강한 것은 아니었다. 종교에 관한 한 개인의 선택이 비교적 쉬웠다. 아시아 문화는 집단주의지만 한국은 이미 그러한 집단주의가 아니었다. 일본의 한 지도자는 한국은 개인주의가 강한 사회여서 선교가 잘 되었다고 말한다. 그러나 그 개인주의 때문에 교회가 많이 분열되었다는 것이다.

초기 한국 교회 부흥과 성장에 대하여 90년대 초 독일의 한 신학자가 흥미로운 말을 하였다. 초기 한국교회는 사람을 끌어당기는 흡인력(pulling factor)이 있었고, 교회 밖에서는 미는 힘(pushing factor)이 있었다. 당시 교회는 사람을 끌어들이는 매력점이 있었고, 사회도 자신들은 교회 안 가면서도 교회가라고 등을 밀었다는 것이다. 그런데 90년대 한국교회는 그러한 요소가 이미 사라졌다고 평하였다.

동시에 서양 선교사들의 헌신적 봉사와 선교를 결코 한국교회는 잊어서는 안 될 것이다. 한국교회는 너무나 잘 알기 때문에 우리가 너무나 잘 알기 때문에 자세한 역사는 생략한다. 제8장에서 초기 한국교회 선교를 선교전략의 모델로 제시하고자 한다.

결 론

한국 선교는 앤더슨과 벤의 자립 원리를 배워야 한다. 양자는 현지인 교회의 자립과 도덕을 성령에 의존하게 하였다. 한국 선교의 기초를 놓은 네비우스는 앤더슨과 벤의 자립 이론을 배워 그것을 한국에 적용하여 성공한 케이스에 속한다. 네비우스의 자립원리 이론은 앤더슨과 벤과 거의 대동소이하기 때문에 생략한다.

18세기 후반 미국에서는 이 시대 전 세계 복음화 (Evangelization of the World in This Generation)운동이 일어나서 20세기에는 온 세계가 복음화되는 것을 기대하였다. 복음화의 개념은 모든 사람이 기독교로 개종하는 것을 의미하지 않고 복음이 모든 사람들에게 듣도록 한다는 것이다. 그러나 지금까지도 복음이 모든 종족에게 전하여지지 않은 미완성의 과제이다. 그러나 서구 선교를 실패한 것으로 단정하여서는 안 된다, 복음을 책임 있게 전하였음에도 믿지 않는 것은 듣는 자들의 책임이다. 아시아는 영적으로 척박한 땅이다.

제6장

아시아 기독교회의 현재

기독교는 아시아 종교이면서도 서자로 취급당하는 수난을 당한다. 선교 2백년을 넘었지만 소수자 종교로 머물고 있다. 원인은 아시아 교회의 책임도 있지만 동시에 외부적 요인도 무시할 수 없다. 먼저 2차 대전 이후 아시아의 기독교 상황을 조명할 필요가 있다.

첫째, 2차 대전 이후 비서구 세계는 이념적으로 기독교에 아주 불리한 상황을 당하게 된다. 서구에 대한 반발로 일어난 비서구 동맹은 기독교에 절대적으로 불리하게 된다. 친미 국가를 제외한 대부분 비서구 국가들은 이념적으로 공산주의와 손을 잡아 냉전 시대에 친소 정책으로 기울어진다. 아울러 학교에서는 건전한 의미에서 자본주의와 민주주의를 가르치지 않고 성공이 검증되지 않는 반기독교적인 사회주의와 공산주의에 경도되고 말았다.

둘째, 1960년대와 70년대 아시아에서는 민족주의 운동이 일어나면서 반서구, 반기독교 정서가 지배하면서 선교사를 추방하고 선교부가 남긴 재산들을 국유화한다. 일부 국가 기독교회는 폭력과 박해를 당하기 일수였다. 식민지 시절에는 식민지 정부가 기독교회이 보호자 노릇을 한 것이 도리어 보복을 당하게 되었다. 그리하여 대부분 교회들은 보호자 없는 고아 신세로 전락하고 말았다. 일본은 패전 후 맥아더 사령부 시절 기독교회가 성장하는 기미를 보였지만 맥아더가 물러간 후 일본 교회는 성장이 정체되고 말았다. 일본 교회는 언제 "백만 신자"의 고비를 넘길지 미지수이다.

동시에 민족주의 운동이 일어나면서 자기들의 문화적 정체성을 회복한다는 명분으로 전통종교를 더 부활시키게 된다. 아시아 종교는 근대화와 기독교 선교에 자극을 받아 방어적 종교에서 공격적 종교로 전환, 서구에 선교사를 파송한다.

셋째, 70년대 동남아 불교 국가들이 공산화하면서 기독교는 엄청난 수난을 당한다. 그러나 위기는 기회가 되어 자기 나라를 떠난 난민들은 자기 나라에서는 복음을 들을 기회가 없었지만 태국의 난민촌에서 복음을 접할 수 있게 되었고 서구 나라로 이민을 가서 많은 사람들이 기독교 신자로 지도자로 부상하였다. 이들 중 많은 지도자들과 평신도들이 자기 나라에 돌아와서 교회 재건과 부흥에 기여하고 있다.

네째, 1980년 서구 복음주의 선교운동의 바람이 아시아 기독교회에도 큰 영향을 주어 복음주의 선교운동이 아시아에서 일어나기 시작하였다. 그러나 한편에서는 WCC도 아시아에 연합기구를 만들면서 역사와 전통의 교단교회를 흡수하였다. 그러나 이것은 아시아 기독교회를 보수와 진보로 분열시키는 결과가 되었다. 현재 아시아 기독교회가 당면한 문제점들을 다음과 같이 요약할 수 있다.

1. 소수 부족에 집중된 기독교

아시아에서 기독교회는 소수 부족, 혹은 산지 부족들에게 집중되고 있다. 버마는 카렌, 카친, 리수, 친 족과 일부 샨족이고, 태국도 카렌, 리수, 라후, 아카족, 몽족이다. 베트남 복음교회 80%는 몽족이며 인도의 기독교는 동북쪽의 나가랜드, 미조람이 다수를 차지하면 남쪽에서는 타밀족 등이고, 스리랑카 역시 힌두교의 타밀족이 주류를 이룬다.

이로 인하여 많은 아시아 교회들은 배타적 부족중심의 교회가 되고 있다. 인도네시아의 칼리만탄 복음교회, 바탁 루터란교회, 미얀마와 태국의 카렌교회, 인도의 나가랜드 침례교회, 미조람 장로교회 등. 국가 공용어가 있음에도 불구하고 많은 교회들은 자기 종족 말로 예배를 드린다. 이것은 교회가 사회통합과 국가통합에 도리어 역행하는 결과가 된다. 공용어를 모르는 산골과 노인들은 종족어가 불가피하지만 도시에서도 종족언어를 고수하며, 심지어 신학서적도 종족어로 출판한다.

그러나 동남아 모든 교회가 반드시 인종별로 모이는 것은 아니다. 사람들이 모이는 교회는 다인종, 다 언어 교회로 다양한 인종의 신자들이 함께 예배드린다. 미얀마 어떤 교회는 주일 오전에 미얀마어 예배, 친족 예배가 한 건물에서 별도로 드리기도 한다. 큰 교회는 대체적으로 인종 구별 없이 모인다.

소수 부족교회들은 자기 나라 복음화나 문화변혁에 기여하기 어렵다. 이유는 인종차별이 심한 아시아 문화 구조상, 소수 부족 신자들이 감히 주류층 사람들에게 접근할 수 없다. 인도 소수 부족 교회 한 지도자는 노골적으로 자기들은 힌두교의 상층계급 사람들에게 전도할 수 없음으로, 한국교회 선교사들이 대신 전도해 줄 것을 요청하였다. 더 중요한 것은 기독교가 강한 소수 부족들이 주류 인종과 정부를 향하여 완강하게 독립 운동을 전개함으로 주류 인종들은 자연스럽게 기독교를 더 거부한다. 카렌교회 일부 목회자들은 해방 신학의 영향을 받았다고 버마 목사들이 못마땅해 한다.

2. 하층민, 가난한 교회

아시아에서 기독교는 가난한 하층민의 종교이다. 도시의 역사가 오래 된 교회는 상류층, 부자들이 많다는 것은 주차장을 가득 메운 멋진 승용차를 보고 알 수 있다. 그러나 이러한 교회는 얼마 되지 않는다. 대체로 교회들은 가난하여 경제적으로 외부로부터 도움을 받기를 바란다.

서구 선교 학자들은 선교의 중력이 서구에서 비서구로 넘어갔다고 강조한다. 신자 인구는 비서구가 훨씬 많은 것은 사실이다. 그러나 비서구 기관, 학교, 교회, 선교운동은 아직 서구에 의존하는 상황이다. 서구 선교부가 남긴 부동산은 엄청난 시가이다. 그러나 가난한 하층 교회들과는 아무 상관이 없다. 이로 인하여 기독교 학교, 기관들도 서구 교회에 손을 벌리는 형편이다.

캄보디아 교회를 예로 들어보면, 캄보디아 사역자들의 60%가 농업에 종사하고 있다. 12%만이 풀타임 사역자이다. 수 년 전 이들의 평균 사례(월급)는 43불이었다. 수도 프놈펜의 사역자들은 평균 239불이었다. 12%의 사역자들은 밥조차 제도로 먹지 못하는 것으로 조사되었다. 34%의 사역자들은 최저 생활비도 못 받는다. 53%의 사역자들만이 캄보디아인들의 평균 생활비를 받는다고 한다. 문자 해독이 가능한 신자 45%만이 자기 성경을 가지고 있다. 성경 한권 값이 7달러 정도이니 살 형편이 못된다. 매 교회마다 15권의 성경을 가진 셈이다.

북 베트남 복음교회 신자 80%가 산지 몽족들로, 핍박으로 인하여 소그룹과 가정교회가 증가하는 추세이지만 30명 출석 교인의 주일 헌금은 10불 미만이 절반을 넘을 것이다.

3. 신학의 위기

아시아 개신교 선교의 위기는 역시 신학의 위기라고 본다. 캄보디아는 WCC회원 교회가 없어 직접으로 WCC 신학의 영향을 적게 받고 있다. 그러나 역사가 오래 된 교회들, 태국, 미얀마, 인도, 인도네시아 등은 초기 복음주의 선교사들이 세운 교회들은 WCC로 넘어가서 자유주의 신학의 영향을 많이 받고 있다.

미얀마침례교의 경우, 아도니람 저드슨과 초기 선교사들은 다 복음주의 배경이었다. 그러나 남북전쟁 이후 저드슨을 파송한 침례교회는 북침례교회가 되었다. 미국 북장로교 보다 남장로교가 더 보수적인 것 처럼, 북침례교는 남침례교보다 진보적이다. 태국은 북장로교 선교부가 선교를 주도하였지만 북 장로교 역시 20세기 초반 신학적 좌경화가 선교지에 영향을 준다. 정부 인가의 신학교 상당수 교수들은 성경비평주의를 가르친다. 목회학이 자연 약하다고 한다.

반면, 아시아에서 부흥하고 수적으로 성장하는 순복음교회이다. 그러나 순복음교회 신학은 성경의 계시보다는 자신의 영적 체험을 더 중시하는 위험이 있고 축복의 신학을 너무 강조하는 경향이 있다. 성령을 많이 강조하는 순복음 신앙은 감정적인 아시아 문화에는 아주 적합하다. 필자가 큰 순복음교회를 방문하면 어려움을 겪는데 이유는, 귀가 안 좋아 너무 요란한 가스펠 송 찬양은 불편하다. 그런데도 외국에서 온 늙은 손님이라고 앞 자리에 앉히는데. 이것이 필자를 더 곤혹스럽게 한다. 미얀마의 순복음교회 K선교사는 순복음 신학교를 좋은 학교로 만들었다. 한국 순복음의 저력을 보여주고 있다. 그는 성경중심의 조용한 순복음 사역자를 키우려는 노력은 대단히 고무적인 일이다.

동남아에는 교파 선교가 세운 교회와 초교파 선교회가 세운 교회사이에 예배 문화가 다르다. 침례교회와 장로교회가 세운 역사있는 교회는 사도신경, 전통적 찬송, 주기도문, 설교 중심의 예배, 목사와 장로가 성찬식 수종을 든다. 미얀마 양곤 중심가의 한 교회는 심지어 니케야 신앙고백을 하는 것에 놀랐다. 한국 어느 교회도 니케야 신조는 모른다. 치앙마이 제일 장로교회는 전통적 한국교회 예배의식과 거의 같다. 우리가 부르는 찬송가 많다.

반면 초교파 선교회 교회들은 좀 다른 분위기를 느끼지 않을 수 없다. 19세기 초교파 선교회는 경건주의와 복음주의 전통이 강하다. 여기에 대하여는 동경신학대학 교수 곤토가츠히꼬가 초교파 복음주의 신학을 신랄하게 비판하였는데, 아시아가 바로 그러한 상황이다. 그는 복음주의 선교운동의 약점으로, 교회관이 약하고, 윤리는 강조하지만 교리가 약하다. 간증을 중시하지만 신앙고백이 없다. 뜨거운 가슴은 있으나 직제나 성례전의 이해가 부족하다. 동시에 교회 전통이 약하다고 정확하게 지적하였다.[1] 그래서 아시아의 많은 복음주의 교회들은 교회관, 신앙고백, 성례전, 교회 행정, 조직이 약하다. 예배는 주로 가스펠 송, 간 증, 그룹별 찬양, 안수 기도가 주를 이룬다. 주일 오전 예배 시간에 그룹 별 찬양이 많고 시골이나 도시의 작은 교회는 평신도들의 간증이 많다. 설교에 비중을 두지 않는다.

4. 지도력 위기 : 폐쇄주의와 권위주의

아시아 기독교회 지도급 목사들의 폐쇄성을 개탄하지 않을 수 없다. 동남아에는 독립 교회와 소수 그룹 교회가 많다. 소수 그룹 교회란 한 지도자 밑에 5개에서 10교회 혹은 그 이상 교회들이 그룹을 형성하여 신학 교육도 지도급 목사 한 사람이 제자훈련 형식으로 한다. 주위에 더 좋은 신학교가 있어도 결코 보내지 않는다. 캄보디아에는 수준 있는 신 학교는 한국 선교사들이 세운 장로교신학교와 감리교신학교가 있다. 많 은 목사들과 전도사들은 신학교육을 더 받아야 하지만 지도자들이 이 두 학교에 자기 사역자들을 보내지 않는다. 필자는 캄장신 학장으로 독 립교회 목회자들을 캄장신에서 공부하도록 초청하였지만 실패하였다. 보스의 허락 없이는 다른 학교에 가서 공부할 수없다는 것이다.

많은 목회자들은 대단히 권위주의적이다. 태국에서 오래 동안 선교 를 한 OMF 선교사 데이비스는 한국교회를 위시한 동남아 교회 목회자 들의 권위주의 목회를 신랄하게 비판하였다. 그는 권위주의적 교회 구 조의 실례로, 태국의 몽족교회(The Hmong Church), 야오족교회(The Yao Church) 및 한국교회를 든다.[2] 아시아 교회의 권위주의적 목회 스 타일은 아시아의 가부장적 권위주의에서 온 것이지 성경적 타당성은 없다. 한국교회 대형 교회 목회자들은 목사가 권위를 가지고 목회할 때 교회가 성장한다고 말한다. 그러나 대형 교회 리더십이 결과적으로 일반 언론에서 매도당함으로 한국교회 전체적으로는 마이너스가 되고 말았다.

대부분 나라에서 기독교는 수난을 당하는데, 이것을 극복하기 위하여는 지도자들이 연합해야 하는데, 연합정신이 많이 결여된다. 아시아는 문화적으로는 집단주의 사회이다. 철저히 가족과 씨족 공동체가 대단히 강하다. 기독교도 개인주의가 아니라 공동체주의(communalism)이다. 그러나 아시아 기독교회 지도자들은 성경이 가르치는 공동체주의를 실천하지 못하고 있다. 성령은 하나 되게 하는 영이시다(에베소 4장).

아시아 교회들이 가난한데, 지도자들이 앞장서서 큰 교회가 약한 교회들을 도우는 리더십을 발휘해야 하는데, 그러한 교회는 극소수이다.

5. 목회의 문제

아시아에서 일반적으로 목회자의 인식은 그리 좋지 않다고 보아야 할 것이다. 많은 사역자들은 정규 신학 교육도 받지 않았고, 목사 안수를 주는 교단이나 기구도 없는데 자칭 목사가 너무 많다. 이러한 목사들을 일부 사람들은 "빠스토르"라고 강하게 발음한다. 이것은 전통과 교회 제도를 경시한데서 오는 것이다.

따라서 많은 설교자들은 "비행기 설교"를 할 수 밖에 없다. 성경지식이나 신학지식이 없는데다가 주석이나 성경 사전도 읽을 형편이 못된다. 성경만을 읽고 설교 시작할 때 성경 본문을 잠간 언급하고 비행기가 이륙 후 하늘을 제 마음대로 돌다가 설교 마지막에 성경을 언급한다. 비행기는 마음대로 나는 것은 아니지만. 성경은 이륙과 착륙용에 불과할 수밖에 없다.

우선 목회자들의 학력은 과거 한국교회와 마찬가지로 아주 낮은 편이다. 캄보디아의 경우 20122년 통계에 의하면 교회지도자들의 평균 연령은 34세였다. 평균 교육 수준은 중학교 2학년 수준이다. C&MA교회는 자립 교회를 강조하여 교회는 자립하지만 교역자들의 신학적 수준은 아주 낮다. 정규 신학교가 없어 대부분의 목회자들은 신학 연장 교육(Theological Education by Extension : TEE) 과정으로 성경과 신학 공부를 하였다. 이 교단 목회자 중 대학 졸업자는 전무하다. 베트남의 C&MA가 세운 베트남 복음성회 목회자들도 역시 저학력이어서 교단 지도자들이나 신학교 교장도 영어는 전혀 못한다.

아시아 교회 목회자들은 목회의 열정이 너무 약하다고 선교사들은 개탄한다. 앞으로 아시아 교회를 부흥시킬 수 있는 비결은 목회자들의 가슴에 불을 붙이는 것이다. 많은 목회자들은 한국교회의 부흥을 배우기를 갈망한다. 설교 준비의 열정, 양떼를 돌보는 열정, 기도의 열정이 절실하다.

미얀마와 태국의 많은 교회들은 주일 오전 예배 설교는 담임 목사가 설교하지 않고 외부 강사를 초청하고 대신 담임목사는 다른 교회에 가서 설교하는 일이 너무 허다하다. 주일 설교자가 매주 바뀌는데서 온전한 영적 양육이 제대로 될 수 없을 것이다. 외부자들인 선교사들은 그 이유를 알 수 없지만 추측하는 것은 본 교회가 경제적으로 대우를 잘 하지 못함으로 다른 교회에서 설교하면 거마비를 받을 수 있다. 또 목사들이 매주 설교 준비하는 것이 부담스러워 다른 교회 목사와 교대하는 것으로 본다.

6. 신학 교육의 문제

신학교는 모판(seedbed)에 비유된다. 좋은 신학교가 좋은 목회자를 만드는데, 아시아 신학교들은 좋은 못자리가 되지 못하고 있다. 대다수 신학교들은 교수, 시설, 커리큘럼, 학생 자질, 경제력에서 너무 열악하다. 지금 신학생 모집도 어렵다. 많은 신학교들은 경제적 어려움으로 자격 있는 신학교수들을 제대로 갖춘 신학교는 극소수이다. 학생들의 학문적, 영적 자질도 약하다. 일반 대학생들과 비교하면 학문성이 낮다. 신학교에서 성경의 원어인 히브리와 헬라어를 가르치기 어렵다. 실천 신학, 선교학, 교회 성장학을 제대로 가르칠 수 있는 신학교는 극소수이다. 정부는 신학교를 공식적 교육기관으로 인정하지 않아 학위를 줄 수 없다. 복음주의 신학교는 아시아신학연맹(Asia Theological Association : ATA)에 회원으로 가입하여 학위를 줄수 있지만 회원 자격을 충족시키는 것이 단순하지 않다. 태국과 인도에는 정부가 인가하는 대학교 안에 신학대학원이 있지만 불행하게도 WCC 신학의 영향아래 있어서 자유주의 신학이 더 강하다. 따라서 이 신학교의 목회학 석사 과정 졸업생들은 목회보다는 보수가 좋은 곳에서 일한다. 미얀마의 미얀마신학교(Myanmar Institute of Theology : MIT)는 정부 학위는 없지만 박사 학위까지 주는 수준 높은 학교로 대부분 과목은 영어로 강의한다. 그러나 이 신학교 역시 자유주의가 강한 미국 침례교의 영향으로 인하여 미얀마 교회들은 이들 졸업생들을 채용하는 것을 꺼린다고 한다.

지금 선교지 교회들은 성장이 정체 상태에서 시급한 것은 목회자들의 영적, 학문적 갱신이 절실히 필요하다. 그래서 목회자들은 재교육을 원하고 있다. 성경 신학, 목회학, 부흥학, 교회 성장학, 설교학을 새로 혹은 다시 가르치는 것이 요구된다. 한국 선교가 수준 있는 재교육의 신학교를 하는 것도 바람직한데, 그러나 영어로 할 경우 인적 자원은 극소수이다. 동남아시아에서는 필요한 지역에 소수의 개종자와 헌신적인 사역자가 있다면 교회 없는 지역에 교회를 개척해야 한다. 그러나 지금 상황으로는 기존 교회를 성장, 부흥시키는 것이 시급한 과제이다. 지금 일부 지역에서는 목회자 재교육 바람이 불고 있다. 캄보디아 침례교 Y 선교사는 자기 지역의 캄보디아 목회자 약 30명을 재교육하는 계획을 세워 11월 마지만 주간에 세미나를 하기로 하였다. 필자와 한국에서 은퇴한 목사가 강사로 강의와 부흥회를 예정하고 있다. 한국교회 부흥 신학을 수출할 때가 되었다.

7. 명목상 신자 : "하나님의 손자"

일찍이 한 서구 교회 지도자가는 하나님에게는 '아들'은 있으나 '손자'는 없다고 하였다. 성경에 하나님의 자녀라는 말이 많이 등장하는데, 영어로는 아이들이다. 아들도 될 수 있다. 그런데 아시아 기독교회는 150년에서 200년이 넘다보니 신자들은 4세대 5세대에 속한다. 그런데 이들이 선조의 신앙을 잘 지켜 다 하나님의 아들들이 되었으면 좋겠는데, 불행하게도 '하나님의 손자'가 많다. 그래서 80년대에 이미 세례 받은 이방인(baptized pagans)이라는 용어가 등장하였다. 인도 남부 지방 기독교는 역사와 전통을 자랑한다. 그러나 2대, 3대, 4대째 신자들은 그야말로 하나님의 '아들'이 아니라 '손자들'이다. 어느 서양 신학자가 말한 대로 하나님에게는 아들만 있지 손자는 없다. 이러한 신자들의 교회는 내적으로 허약하고 영적으로는 가난하다.

결 론

아시아 국가에서 일부 교회들은 부흥하고 성장하지만 대체적으로 아시아 교회는 침체상태에 있다. 소수 종교로서 소수 부족에게, 가난한 계층에 집중되어 있어서 사회적 영향력이 약하다. 아시아 교회는 영적 부흥과 갱신이 절대 필요하다. 아시아 국가들은 대부분 권위주의 정치와 부정부패가 심하다. 이러한 사회불안은 기독교 선교에 유리할 수 있지만 교회는 기회를 살리지 못하고 있다. 사람들의 영적 욕구를 충족시킬 수 있는 메시지가 약한 것이 아시아 교회 강단의 현실이라고 생각한다. 동시에 지도력의 갱신이 절실하다. 많은 아시아 교회는 불안 정통의 초교파 선교회에 의하여 세워졌다. 이제라도 성경적 기독교로 돌아가는 것이 가장 시급한 과제이다.

아시아 교회의 미래 과제는 아시아를 복음화 할 것인가? 아니면 아시아 종교와 문화에 정복당할 것인가로 기로에 놓여있다.

제7장

박해의 시대, 박해의 신학

복음이 땅 끝까지 전파된 이후에 종말이 온다고 예수님께서는 예언하셨다. "이 천국 복음이 모든 민족에게 증언되기 위하여 온 세상에 전파되리니 그제야 끝이 오리라"(마 24:13, 개역개정). 요한계시록은 가장 위대한 미래 교과서이다. 계시록은 이미 종말에 세상은 갈수록 반 기독교적이 되어 기독교 신자에 대한 박해는 심하여 질 것이라고 예언하였다. 한국교회나 서구 기독교회는 20세기와 21세기 전 세계적으로 일어나는 박해를 심각하게 생각하지 않고 있다. 한국도 준 종교 박해의 시대로 돌입하는 것 같다. 소문에 의하면 어느 구청은 노방 전도하는 교회에 전도하지 말라는 경고가 주어졌다고 한다. 오픈도어의 박해 뉴스는 관심을 끌지 못한다. 그러나 이제 한국 선교사들은 계속 추방당하고 있고, 많은 선교지에서 현지 교회들은 엄청난 수난을 당하고 있다.

예수님은 "인자가 올 때에 세상에서 믿음을 보겠느냐"(눅 18:8)라고 하셨다. 한 주석가는 누가복음 18장의 불의한 재판관은 종말에 교회를 박해하는 세상으로, 억울함을 호소하는 과부는 박해받는 교회로 비유하였다. 종말에 믿음을 보겠느냐는 질문은 '고난당하는 교회를 위하여 기도하는 신앙을 보겠느냐'라고 해석하였다. 현 기독교 박해와 선교사 추방은 박해의 신학을 논하지 않을 수 없는 상황이다.

2018년 오픈도어가 발표한 박해 국가 20등은 다음과 같다. 북한, 아프가니스탄, 소말리아, 수단, 파키스탄, 예맨, 에리트레아, 리비아, 이라크, 이란, 인도, 사우디아라비아, 몰디브, 나이제리아, 이집트, 베트남, 투르크메니스탄, 라오스 등이다. 북한은 17년 연속으로 최고 박해 국가이다. 최근 한 외신에 의하면 북한의 지하교회 신자 20만 명 중 5만 명이 감옥에 있다고 보도하였다. 지금 전 세계적으로는, 60개의 박해 국가에 51억 명이 살고 있는데, 개신교 신자는 8억 명 가량이라고 한다.

21세기 기독교 박해에 대하여 우리가 잘 알지 못하는 사실을 가톨릭 저널리스트 이탈리아 작가 안토니오 소치가 영국의 가디언지에 의해 세상에 알렸다. 그의 저서 『새로운 박해 : 신세기의 반기독교의 비관용의 연구』에서 2천 년 기독교 역사에서 약 7천만 명이 순교하였는데, 순교자의 2/3인 4천 5백만은 지난 100년 동안 순교하였다. 지난 100년 동안의 박해자는 구소련, 공산정권 중국, 나치였다. 1990년 이후 매년 160,000명이 해마다 순교하는데, 박해 국가는 동티모르, 인도네시아, 파키스탄, 인도, 르완다, 남아메리카이다. 이들 나라에서는 주로 이슬람 과격주의자들로부터 순교 당하였다. 과거 100년 동안은 주로 공산주의 국가에서 엄청난 박해를 받았다면 1990년 이후 박해는 주로 이슬람 국가에서 일어나고 있다. 지금도 지구상에 크리스천의 박해는 진행되고 있는데도 일반 매스미디어나 심지어 서방 기독교회조차도 이 사실을 보도하지 않는다. 그는 공산주의와 이슬람 원리주의 집단이 가장 무서운 박해 세력이라고 분석하였다.

이 저서는 많은 반박도 받았다. 비판 요지는 왜 홀로코스트는 언급하지 않았으며, 이슬람을 나쁜 종교로 만드느냐이다. 소치는 이탈리아 저널리스트의 가톨릭 신자이다. 그리고 그가 인용한 자료는 2001년 옥스퍼드대학교에서 발행한 세계 기독교 백과사전이다. 이 사전은 가톨릭 작품이 아닌 개신교 선교 학자들이 만든 것이다.[1]

아시아에서 기독교는 표현의 자유가 많이 제약을 당한다. 2003년 가톨릭과 WCC 계열의 신학위원회가 만든 *Asian Christian Theologies* 1-3권은 아시아 기독교 목사, 학자, 선교사, 신부, 교수들이 쓴 글들과 저서들의 리스트를 소개하는 대작이다. 아시아에서 기독교 신학사상과 동향을 아는데 필수적인 책이다. 이 자료에 의하면 동남아 국가의 원주민 지도자들이나 사역자들이 쓴 글은 거의 익명이 많다. 자기 나라 종교와 문화를 비판하였기 때문에 익명한 것으로 보인다.[2] 지금도 이 지구상에는 기독교가 전무한 나라가 있다. 태평양 복판의 몰디브, 사우디아라비아이다. 아라비아 기독교회는 동남아 근로자들의 교회라고 보아야 할 것이다.

소치는 동남아에서 기독교 박해를 거론하지 않았지만 필자는 동남에서 일하면서도 보고 듣고, 또 글로 발표 된 자료를 기초로 동남아 중심으로 기독교의 박해를 소개하고 박해의 신학을 논하고자 한다.

1. 아시아에서 박해 사례 : 동남아 중심으로

1) 중국

사무엘 마펫 박사는 중국은 종교에 관한 한 아주 관용적인 나라인데 세계에서 가장 박해가 심한 나라라고 비꼬았다. 오늘 이 글을 쓰는 순간 우리 뉴스에는 중국 정부가 4천 개의 교회에서 십자가를 내렸다는 보도가 나왔다(2018년 9월 6일). 2014년 기독교 신자가 많은 온주에서 지방정부가 제일 큰 교회를 파괴하고 그의 많은 교회의 문을 닫는 뉴스가 전 세계에 보도되었다. 이때 호주의 한 교수는 중국의 종교정책을 다음과 같이 신랄하게 비판하였다. "중국은 선교적 문화도 아니고 가치관이 강대국이 못된다. 공산주의 이념을 고집함으로 보편적 가치관이 결여되어 세계 사람들을 친구로 만들기 보다는 불안감을 준다."라고 꼬집었다. 그는 또 중국의 옛 속담을 인용한다. "집 앞의 눈은 치우는데, 옆집 지붕의 서리는 염려하지 않는다고."3) 온조 교회의 잘못은 가정 교회가 큰 건물을 자랑한 자체에 문제가 있다고 지적하는 자도 있다.

중국에서 추방당한 일부 선교사들이 치앙마이에 작은 센터를 마련하여 중국인 신자들을 초청하여 성경공부와 선교훈련을 하여 중국으로 보내기도 하고 태국 등 주변 나라에 선교사로 파송한다. 그러나 이것마저도 불안하다고 한다. 중국 정부가 해외에서 선교사에게 훈련을 받은 자는 중형을 내리기로 하였다는 것이다. 중국 정부는 온라인으로 성경을 구매하는 것도 금지하였다. 중국 가정교회에서 선교사로 파송받은 한 중국인 선교사는 외국에 있으면서도 잡혀 갈 가 불안해하는 정도가 되었다.

2) 인도

인도는 기독교를 엄청나게 박해하는 민주주의 국가이다. 힌두교는 위대한 종교라는 자부심은 강한데, 종교간 갈등, 계급간의 갈등(달리트들의 데모), 여성들 성 폭력 문제로 하루도 조용할 날이 없는 나라이다. 기독교에 대한 가장 잔인한 박해 사건은 2008년 8월 인도 동부지역의 오리사에서 기독교 마을을 파괴하고 신자들을 죽인 사건이다. 이때 약 6천 개의 교회가 불타고 1천명 이상의 기독교 신자들이 살해당하였다. 지금 박해는 더 심해지고 있다고 한다.

모디(Narendra Modi) 수상의 인도 국민당(Bharatya Janata Party, BJP)은 힌두교 원리주의 정당으로, 1996년부터 노골적으로 인도는 힌두신의 나라임으로(Hindutva) 무슬림들과 기독교 신자들은 인도를 떠나라고 외쳤다. 원리주의자들의 목표는 2021년까지 기독교와 무슬림이 없는 인도를 만들겠다는 것이다. 2017년 힌두교 원리주의자들은 무려 40건 이상 기독교회를 파괴 혹은 방화하고, 기독교에서 힌두교로 개종한 신자들을 강제로 재 개종시키는 일을 대대적으로 전개하고 있다. 이것을 재개종 캠페인 이라고 한다. 나가랜드와 미조람 주는 기독교 주인데도 BJP가 의회 다수를 차지하고 있다. 인도 기독교 지도자들과 신자들은 인도의 미래가 어떻게 될지 몸을 낮추고 조심스럽게 관망하고 있다. 4, 5년 전만 하여도 한국 선교사가 약 1천명이었는데, 최근 수년 동안 추방당하여 약 600명만 남았다. 남은 자들도 언제 추방당할지 모두 전전긍긍하고 있다. 들리는 소문에 의하면 한국 선교사들을 다 추방할 계획이라고 한다. 그런데 국제 여론, 특히 미국의 눈치를 많이 보는 것 같다. 지금 인도는 정치적으로 중국과 대립, 미국과 아주 친하여 미국 시민권자는 10년의 비자를 받는다.

3) 스리랑카

스리랑카 불교를 국제 정치학자들은 군사적 불교(militant Buddhsm)로 정의 한지 오래되었다. 스리랑카에는 기독교를, 특히 복음주의와 오순절교회를 박해하는 극우 불교 집단이 있다. 필자는 1996년도 12월 스리랑카를 방문, 수난 당하는 평신도들과 지도자들 약 30명으로부터 3시간 동안 핍박의 상황을 청취하였는데, 그 내용을 요약하면, 폭력 그룹들은 전도자들과 신자들을 협박하는 것을 넘어서, 교회에 불을 지르거나(주로 개척하는 교회이며 농촌 지방이 주를 이룸), 동네 거리에 교회 출입을 경고하는 선전물 부착하면서 예배를 방해한다. 스리랑카 기독교 신자들은 주로 힌두교에서 개종한 타밀인들이다. 그래서 이들을 타밀인들과 내통하면 간첩으로 본다. 피해자들이 경찰에 신고하여도 경찰 역시 불교도가 많으며, 불교도 지방 유지들과 주민들 여론을 두려워 도리어 기독교인들이 불법 집회와 종교 활동으로 소란을 일으켰다고 한다. 오순절교회가 더 박해를 받는 것은 너무 '시끄럽다'는 이유 때문이다.

박해의 논리는, 스리랑카는 싱할리인 위주의 불교 국가이기 때문에 다른 종교와 인종은 나가야 한다는 것이다. 기독교는 과거 스리랑카를 억압한 식민지의 압잡 종교라는 비난한다. 스리랑카에서 '기독교적 서구 식민주의'는 혹독한 대가를 지불당하고 있다. 그러나 자신들이 가해자가 되고 있다는 사실은 인정하지 않는다. 타밀(Tamil)족들은 싱할리 불교도들로부터 당하는 차별과 박해는 국제인권단체의 규탄의 대상이 되고 있다.

2017년 복음주의 신자인 한 크리켓 선수와 신자 정치가 두 사람이 성탄절을 앞두고 중심가에 높이 72미터나 되는 성탄트리를 세웠다. 그 추리는 세계에서 가장 높은 것으로 기네스북에 등재되었다. 목적은 모든 종교들이 서로 화해하자는 취지였다. 그러나 그 추리로 인하여 기독교 박해가 더 심해졌다. 2003년 스리랑카 대법원은 개종을 금지하는 법안을 공포하였다.

4) 라오스

　라오스는 헌법상으로는 종교 자유가 보장된 나라이지만 기독교 박해와 감시가 동남아 나라 중에서는 좀 심한 나라일 것이다. 수도에서 보다 지방에서 박해가 더 심한 것으로 보도되고 있다. 라오스 17개 주에서는 불교 외 종교에 대하여는 감시가 더 심한데, 기독교를 더 주시한다. 지방에서는 지방 공무원들이 기독교 신자들에게 노골적으로 기독교 신앙을 포기하라는 압력이 가해진다. 중앙정부는 어느 정도 종교 관용이 있는데, 지방 공무원들은 자율성이 주어져 악용하는 사례가 많다. 종교인권 단체의 보도에 의하면 기독교로 개종한 현지인을 지방 경찰이 불법 체포 감금하는 사례가 많다는 것이다.

　라오스에서 외국인은 종교 활동은 금지되어있다. 외국인은 함부로 현지인 교회 가는 것도 삼가야 한다. 인도차이나 한국 선교사들은 해 마다 나라별로 돌아가면서 선교대회를 가진다. 그러나 라오스에서 대회는 수도에서 가까운 태국 우돈타니에서 모이고, 한 날 수도 비엥티엔을 방문하는 것으로 끝난다. 라오스는 성경 출판도 금지된 상태이다. 동남아에 소수 부족인 몽족 가운데 기독교 신자가 많은데 몽족은 베트남에서나 라오스에서 이상하게 감시와 박해를 더 많이 받는다.

5) 태국

서양인들은 태국을 황색 승복의 나라(Land of Yellow Robes)로 불렀다. 가는 곳마다 웅장한 절과 황색 승복이 가장 눈에 뜨이기 때문이다. 1869년 태국의 첫 개신교 신자 난 차이와 나이 순냐는 치앙마이에서 무참한 폭력으로 순교를 당하였다. 방콕의 국왕이 종교 관용칙령을 선포(1878년)하여 기독교에 대한 박해가 사라졌다. 태국은 법적으로는 선교의 문은 열려있다.

태국은 동남아 국가 가운데도 불교가 아주 강한 나라로 옛날 용어로 하면 제정일치(祭政一致) 국가로 정의할 수 있다. 1842년 라마 4세는 "시암(태국)은 불교를 믿어 지구상에 어느 나라보다도 위대한 나라"라고 선포하였다. 태국 왕은 불교도여야 하고 불교의 수호자 역할을 해야 한다. 국가의 모든 행사가 거의 불교식이어서 신자 공무원들은 그대로 따라하는데 신앙적 갈등을 느낄 수밖에 없다. 1940년대에 태국에도 불교민족주의가 등장하여 기독교를 엄청나게 박해한 적이 있었다. 일본이 동남아 나라들을 침공하여 서구와 일본간에 긴장이 고조되면서 가톨릭이든 개신교 신자이든지 구분하지 않고 프랑스 앞잡이로 몰아붙이면서 기독교인들을 구속한 일이 있었다. 신자 공무원들과 교사들은 불교로 재개종을 강요당하였고, 일반 신자들도 억압적인 분위기로 인하여 불교로 개종한 자들이 많았다. 지금 선교의 자유가 있으나 극히 조심해야 하는 상황이다. 태국은 문화적으로, 정치적으로 국가, 왕, 종교(불교)가 삼위일체이다. 공문서 상단 오른쪽에 반드시 영어로는 Nation, King, Religion을 기재해야 한다. 태국의 삼색기도 이 세 가지를 상징하는 것이다.

교회와 선교도 공식적으로는 정부의 허가를 받아야 한다. 서구식 정교 분리의 나라가 아니다. 선교비자는 교회 기관(CCT와 EFT등)을 통하여 할당 된 쿠오터 범위 내에서 받게 되어 있다. 많은 선교사들은 복지법인이나 기타 법인등록을 하여 선교하는데, 필자가 속한 복지법인의 사업 목적은 가난한 구제, 장학사업, 교육이다. 그러나 교육은 학교를 하는 것이 아니라 현지인을 가르치라는 의미에서 교육이다.

인종적으로 태국인은 복음의 수용성이 낮은 종족에 속한다. 불교도 태국인(태국어로 콘 타이)들의 마음은 굳게 닫혀있다. 이점에서 일본과 비슷하다고 생각한다. 좋은 태국인은 좋은 불교도라는 보이지 않는 불문율이 사회를 지배하고 있다. 태국은 수 백 년 동안 변함없는 불교 왕국으로 왕은 신이며 왕이다((deva-raja). 왕은 불교의 보호자이다. 태국 근대화 과정에서 어떤 왕은 선교사들을 절로, 왕궁으로 불러들여 영어와 신문명을 배웠지만 기독교는 철저히 차단시켰다. 철저한 불교 국가라는 것은 2017년 국왕 장례식에서 확실하게 증명되었다. 국왕은 8억 달러의 황금마차를 타고 므루(meru) 세계로 복귀하여 다시 라마신이 된다는 것이다. 국왕 장례식 전까지 공무원들과 군인들 및 일부 국민들은 일 년 동안 상복을 입어 마치 모든 시민들이 '상주'처럼 보였다. 왕실 비판은 처벌 대상이 된다. 왕실 모독죄(Lese-Majestie)로 감옥에 있는 사람이 100명 넘는다고 한다. 여기에 선교의 한계가 있다. 성경은 하나님의 절대 주권을 말하는데, 태국은 왕의 주권이 강조된다. 그러나 신자들은 이 문제에 대하여 절대 조심해야 한다.

태국은 정부가 기독교를 박해하지 않지만 지역 사회나 가족들의 반대와 박해가 심한 나라이다. 태국은 종교의 자유가 있다는 것은 헌법상 명

기된 내용이지 사회가 인정하는 것은 아니다. 불교 지식인들은 기독교는 불교를 아주 비판적으로 보는 종교로 거부감을 가진다고 한다.

6) 베트남

베트남 역시 선교가 시작될 때부터 기독교는 반갑지 않는 '문화 침략자', '종교 침략자'였다. 베트남 정부는 동남아에서는 기독교 박해가 제일 심한 나라가 되고 있는데, 이유는 전형적 중국 공산당이 과거 기독교를 박해한 것과 같다. 기독교는 "서구 식민주의와 미제국주의 앞잡이다." 베트남이 프랑스 식민지가 된 것은 19세기 중반 프랑스 신부를 죽였다는 것이 이유가 되어 프랑스와 스페인 두 가톨릭 국가가 베트남을 침공, 하루 만에 당시 베트남은 항복하고 프랑스 식민지가 되고 말았다.

베트남은 중국과 대결하면서도 정부의 종교 정책은 중국을 그대로 모방하는 것 같다. 중국식으로 비공인 교회는 감시 대상이다. 작년 말 미국 빌리 그래함 전도단이 수 만 명 모이는 대형 집회를 하고나니 교회 감시가 더 심하여졌다는 것이 선교사들의 소감이다.

정부가 특히 박해하는 소수 부족은 몽족(Hmong)과 몽타나그나드 족(Montagnard : 일명 Degar)이다. 이 두 부족은 과거 베트남전쟁 때 일부 사람들이 미국 편을 들었다. 특히 몽족 장군 방 바오는 반공주의자로 미 CIA지원을 받았다. 몽타나그나드 족들은 개신교 선교사를 통하여 100만 명 중(대략 추산) 무려 20만 명 이상이 개신교로 개종하였지만 몽족들에게 선교한 사람은 아무 없었는데, 극동방송을 통하여 인구 100만 명 중 30만에서 40십만 명이 신자가 되는 놀라운 역사가 일어났다. 1980년대 몽족어 복음을 듣고 개종의 연쇄 반응이 일어났다. 이 소식을 접한 정부는 이들을 가혹하게 탄압하였다. 지금도 박해는 계속되고 있다. 어려운 중에도 정부 공인 교단인 베트남 복음교회가 이들을 수용하여 일부 사역자들을 하노이신학교에서 신학훈련을 시키고 있다.

필자는 2018년 6월 하노이신학교(Hanoi Bible College)에서 2학년 30명을 대상으로 성경의 선교론을 주제로 한 학기 과목을 통역 강의를 하였다. 외부인이 강의하는 것은 물론 정부의 사전 허락을 받아야 한다. 이 학교는 북베트남에서 정부가 인정한 학교인지라 학생 모집도 자유롭지 못하여 매 2년마다 한 번씩 학생 모집을 한다. 필자는 2학년을 대상으로 강의하였다. 강의 중 공산주의에 대한 말은 거의 하지 않았다. 30명 학생 80%가 몽족 출신들인데 불쌍하게 보였다. 학생들은 대부분 산지에서 온 학생들이라 TV 뉴스를 못 본다고 하였다. 교육 수준이 너무 낮아 영어는 거의 불가능하고 교양 지식이나 세계 역사는 전혀 모른다. 이 학교는 베트남 복음교회 교단 신학교로 신자들 80%가 몽족이라고 한다.

필자는 이들 소수 부족 크리스천들의 뜨거운 인사를 경험한 적이 있다. 2009년 여름 호치민의 베트남 장로교회는 교단 설립 40주년 행사를 성대하게 치렀다. 베트남 장로교단의 대부분 신자들은 거의 소수 부족들로, 산에서 호치민에 오려면 정부의 여행 허락을 받아야 하였다. 우여곡절 끝에 대회는 성황리에 진행되었다. 필자는 축사를 하는 영광을 얻었다. 대회가 끝난 후 많은 신자들이 필자에게 손을 내밀고 악수를 청하는데 젊은 여자들도 손들이 곱지 않았다. 그러나 가슴이 뜨거움을 느꼈다. 하나님의 놀라운 역사가 산지에도 일어난다는 것을 알 수 있다.

2018년 1월 1일, '신앙과 종교'에 관한 베트남의 새로운 법이 효력을 발휘했고, 그 법은 모든 종교 단체와 종교 활동을 정부에 신고하고 승인 받도록 요구하고 있다. 올해부터 시행된 베트남의 새로운 종교법은 자칫 신자들을 더 박해할 수 있는 방향으로 나갈 수도 있다. 2월 초, 아시아 뉴스는 베트남 정부가 한 가톨릭교회 미사를 불법 행위로 간주, 새로운 종교법을 적용했다고 보도했다. 소식에 의하면 상당수 목사들과 신자들이 종교법 위반으로 감시하에 있거나 구속 되었다고 한다.

7) 캄보디아

캄보디아도 과거 역사는 기독교 박해 역사이다. 이미 언급한 바와 같이 시아누크는 기독교를 박해한 주도적 인물이다. 60년대 반개종법을 선포하고 선교사들을 추방하였다. 신자들은 공무원들로부터 많은 시련을 당하였다. 1953년에 성경을 출판하려고 할 때 모든 용어는 불교식으로 하는 법령이 발표되어 캄보디아 성경 출판은 어려움을 당하였다.

지금 캄보디아는 과거와는 완전히 다르다. 그러나 지역에 따라 개인적으로 개종하는 것은 태국에서처럼 가족들과 동네로부터 따돌림을 당하는 일이 많다. 교회가 없는 시골이나 도시 변두리에 교회를 세우면 지역에 따라 다르지만 가장 민감하게 반응하는 것은 동네의 절이다. 동네 절은 동민들을 동원하여 교회 설립을 방해한다. 캄보디아에서 실제적으로 일어나는 사건은 캄보디아 장로교신학교 신학생이 동네 작은 사무실을 임대하여 교회를 시작하였다. 물론 정식 허가를 받을 조건이 못 된다. 그런데 우리말로 하면 동네 반장(메폼)이 무허가라고 간판을 못 달게 한다. 동남아에서 실제로 교회를 시작할 때 반대는 경찰이 무서운 것이 아니라 동네 반장이다.

최근 캄보디아의 일부 NGO는 정치 비판에 개입하여 총리 훈 센(Hun Sen)의 분노를 사서 그 여파가 순수한 복음만 전하는 선교사들에게도 파장이 미치고 있다. 모든 한국 선교사들도 세금을 내라는 것이다. 선교 사들은 수입이 없는데 어떻게 세금을 내느냐고 하니, 그러면 선교사들 은 무엇 먹고 사느냐? 수입이 있으니 살아가는 것이 아니냐며, 후원금도 징수대상이라는 것이다. 캄보디아의 정치적 미래는 좀 우려되는 것은 미국이 인권 문제로 경제 원조를 중단하자 인권 시비 없는 중국으로 기 울어져 경제가 중국에 예속되고 있다. 그럼에도 캄보디아는 인도차이나 국가 중 선교의 자유가 보장되고 비자가 용이하여 많은 한국 선교사들 이 들어오고 있다.

8) 미얀마

미얀마는 1962년 쿠데타로 정권을 장악한 네 윈 군부는 불교를 국교로 하고 버마식 사회주의(Burmese Way to Socialism) 노선을 공포한다. 이 이념에 따라 기독교 학교와 병원은 국유화시키고 234명의 선교사들 을 추방한다. 버마의 135개의 다인종, 다 종교 사회를 사실상 부정하는 것이다. 버마인 우대 정책과 소수인종 차별 정책은 주민등록증으로 합 법화되어 있다. 주민등록증은 아예 4가지 색깔로 구분한다. 불교 민족 주의를 주도한 과격 불교 집단은 마바타(국가와 종교보호중앙위원회) 와 969로서, 반 무슬림 불교 과격 그룹이면서 기독교를 견제하는 각종 법안을 발의한다.

90년대 버마 군사 정부는 기독교회를 엄청나게 탄압하였다. 기독교인 들이 소수 종족인 카친, 카렌, 친, 리수족 들에게 집중되기 때문에 소수인종 억압과 기독교 탄압이 병행하는 결과가 되고 있다. 2007년 카친 주 기독교회 한 지도자는 버마 정부가 버마에서는 기독교를 완전히 청소하라는 공문을 입수한 적이 있다고 폭로하기도 하였다. 90년대 약 10만 명의 이들 부족 출신 신자들은 지역에서 추방당하여 난민촌에서 지낼 수밖에 없었다. 난민촌은 물은 물론 생필품이 절대 부족하여 엄청난 수난을 당하였다. 심지어 불교 승려들이 교회를 공격하는 일이 종종 있었다. 불교, 이슬람 동네 사람들은 노골적으로 자기 동네 사람이 기독교로 개종하면 동네 밖으로 추방하는 것은 예사였다. 기독교 신자들은 동네 우물을 마실 권리도 없다. 불교 과격 그룹들은 로힝야 무슬림을 박해 대상으로 하지만 기독교도 탄압을 시도한다. 2년 전 정부는 버마 불교도 여자들이 다른 종교의 남자와 결혼하는 것을 금지하는 법안을 만들어 국회에 상정하였다. 그 결과가 어떻게 되었는지 아직 확인되지 않고 있지만 이 법안을 주도하는 그룹은 마 바 타(Ma Ba Tha)와 969라는 불교 과격 그룹으로, 지도자는 타임지가 2013년 버마의 빈 라덴으로 보도한 위라두이다.

한국 선교사들이 도시 외곽 지역이나 시골에 교회를 시작하면 동네 절이 보이지 않게 방해하는 경우가 많다. 주일날 절에서도 행사를 하여 학생들과 어린이들이 교회에 못 가도록 한다. 절이 과거에는 없었든 제도를 만들어 교회와 경쟁한다. 캄보디아는 한국 의료팀을 무조건 환영하는데, 미얀마에서는 동네 반장이 '노'하여, 부득이 다른 곳에 가서 봉사활동 하는 일이 종종 있다.

9) 인도네시아

인도네시아는 이슬람 원리주의자들이 끊임 없이 기독교를 괴롭히고 있다. 인도네시아에 이슬람 원리주의자들은 대부분 이집트 무슬림 형제단에게서 배워, 인도네시아를 이슬람 국가로 만들려고 끈질기게 투쟁을 계속하고 있다. 과거 아체는 강성 무슬림 도시로서 관광객조차 받지 않은 섬이었으나 2001년 쓰나미로 외부 세계에 문을 열었다. 인도네시아 강성 무슬림 동네에서 기독교 개종하면 어제의 집안 식구와 동네 친구가 개종자를 불경건자(infidles)로 취급, 무서운 박해자로 변신한다. 심지어 동네 구멍가게는 개종자에게는 물건도 팔지 않는다. 교회당을 건축하거나 개축할 때 강성 무슬림 단체들은 지방관청에 압력을 넣어 방해하는 것은 다반사이다. 신자 학생들은 교실 뒷자리에 앉지만 무슬림 선생들에게 많은 수모를 당한다. 기독교 신자들은 가족들로부터 감금, 추방당하는 것이 보편적이라서 아예 스스로 동네를 떠나는 것이 상책인데 갈 곳이 없다. 그래서 선교사가 보호해야 하는 부담을 안게 된다. 무슬림 사회에서 신자가 되는 고난 때문에 일부 선교사들이 무슬림 동네 안에 있으면서 신자된 것을 숨기는 내부자 운동(Inside movement)을 대안으로 제시하지만 그것은 성경적이 아니라고 정통 신학자들은 거부한다.

최근 대표적인 기독교 박해 사건은 원리주의자들이 자카르타 기독교 시장 아혹(Ahok)을 기어이 신성 모독죄로 고소, 구속시킨 사건이다. 아혹 시장은 상고를 포기하고 만기 출소를 기다린다고 한다. 감사한 것은 인도네시아 기독교회는 환란과 박해 중에 도리어 성장하고 있다. 인도네시아 신자 통계는 전체 인구 약 2억 6천 5백만 명 중 무려 3천 백 만이 넘는다. 그러나 실제는 이 보다 더 많은 것으로 추산하지만 기독교 단체들은 늘 10%로 발표한다.

10) 파키스탄

파키스탄은 정치적으로 혼란 상태로 기독교는 항상 불안한 상황이라고 말할 수 있다. 파키스탄의 신성 모독죄(Blasphemy Law)는 기독교 신자들을 가장 위협하는 악법이다. 이슬람을 모욕하거 코란을 찢으면 한 사람의 증인으로도 사형에 처할 수 있는 악법이다. 그동안 많은 신자들이 이 법에 걸려들어 수난을 당하였다. 과거 사형이 선고된 신자들 중에는 국제 인권단체의 항의와 구명운동으로 겨우 목숨을 구제당한 신자들이 있다. 이 법은 파키스탄 기독교를 박해하는 최악의 법이다.

2. 기독교 박해 원인과 박해 세력

1) 유엔인권헌장을 거부하는 아시아

왜 아시아 국가들에서 국가와 사회적 차원에서 종교 박해가 일어나는가? 서구와 미국과 아시아 자유 민주주의 국가에서 종교간 갈등과 국가나 사회가 공개적으로 소수 종교나 다른 종교를 박해하거나 차별화하지 못하는데 왜 유독 아시아 나라들에서 박해가 일어나는가? 이유는 간단하다. 유엔인권헌장 18조는 종교는 개인의 자유이다. 믿을 자유와 안 믿을 자유, 종교를 바꿀 자유도 있다. 그런데 아시아 국가들은 다 유엔회원국이면서도 공공연하게 이 법조항을 위반하면서도 다만 헌법에 종교의 자유라는 조항은 삽입하였다. 불교와 이슬람을 국교로 하면서도 이 조항은 두는 것은 유엔인권헌장 때문일 것이다. 서방 국가들은 종교는 철저히 개인의 선택사항이다. 신앙은 자유지만 공공질서를 지켜야하고 다른 종교를 간섭하거나 박해할 권리가 없다. 그런데 아시아 대부분 나라들은 종교는 개인의 선택이 아닌 가정, 공동체, 국가의 결정이다. 특히 이슬람은 국가를 이슬람 국가로 하는 것을 원칙으로 한다. 여기서 가치관의 충돌이 일어난다. 즉 종교의 개인 선택(individual choice)과 공동체 선택(communal choice) 간의 충돌이다. 이것은 유엔도 제재할 수 없다. 도리어 이슬람과 힌두교는 자기들의 인권조항을 만들어 유엔인권헌장에 도전한다. 이슬람은 노골적으로 이슬람 국가가 불과 3개밖에 안 되는 1948년에 서방이 일방적으로 만든 법이라고 거부한다. 그러나 종교의 자유가 없이는 진정한 민주주의는 불가능하다는 것을 아시아는 아직 모르고 있다. 아니 고의로 거부하는지 모른다. 종교자유가 없을 때 개인 인권도 없다.

유엔인권헌장과 유엔종교인권 단체와 미국 국무성 국제종교자유미국위원회(United States Commission on International Religious Freedom)가 없었다면, 많은 나라들은 벌써 모든 선교사를 추방하였을 것이다. 그러나 해마다 유엔인권단체와 미국 국무성 소속 종교인권위원회와 수많은 국제인권단체들의 압력 때문에 선교사들을 노골적으로 추방하지 못한다고 본다. 세계 경찰국가로서 미국은 어느 정도 선교도 보호하는 역할을 하고 있다.

2) 기독교를 싫어하는 독재 정권

국제화 시대에 정보화와 높은 교육, 경제 발전, 중산층의 증가는 독재를 어렵게 한다고 보는 국제 정치학자들이 많았다. 그러나 지금 비 서구 국가들에서 독재정권이 오히려 증가하는 추세이다. 아시아는 경제, 기술, 교육, 정보, 학문 분야에서는 서구를 배우려고 하지만 정치 문화만은 예외이다. 아시아는 예로부터 왕정 독재에 부패 정권이었다. 그기에 대한 반발로 1930년대 인도차이나에 공산주의자들이 확산되어 70년대는 인도차이나 국가들(태국 제외)을 공산화하였다. 공산화 이후 공산당들이 다 정권을 잡았다. 그러나 정권이 바뀐 적이 거의 없다. 옛날 왕정 시대 때 기독교 선교사는 반갑지 않는 손님이었는데, 이러한 역사는 그대로 지금도 계속되고 있다.

아시아가 기독교 선교를 거부하는 이념과 세력은 독재 정권, 종교, 의사 공산주의(Pseudo Communism), 종교적 민족주의라고 본다. 의사 공산주의란 공산주의를 표방하면서도 실제로는 공산주의 이념을 실천하지 않는 것을 의미한다. 기독교는 많은 선교사들이 비싼 대가를 지불하였음에도 극소수의 추종자를 얻는 비하여 동남아에서 공산주의와 민족주의는 순교자도 없었고, 그 이념을 위하여 희생한 자들이 없음에도 동남아를 휩쓸고 말았다. 그러나 지금 지금 동남아에는 진짜 공산주의는 없다. 공산주의에 대한 정의를 그대로 인용하면, 첫째는 "사유 재산제 대신에 재산의 공유를 실현시킴으로써 계급 없는 평등 사회를 이룩하려는 사상 및 운동", 둘째로 "사유 재산 제도를 폐지하고 모든 생산 수단을 사회 전체의 공유로 하여, 모든 사람이 계급으로부터 해방되고 누구나 능력에 따라 일하고 필요한 만큼 분배 받는 사회를 이루고자 하는 이론 및 사상" 이상의 정의대로 지구상에서 진짜 공산주의를 실행하는 나라가 있는가? 없다. 공산주의의 원조라고 할 수 있는 러시아도, 구소련을 모방하여 공산국가가 되었다는 중국, 주체 사상의 북한, 종교 탄압이 좀 무서운 베트남, 다 진짜 공산주의 국가가 아니다. 이들 나라들 다 사유 재산을 인정하고 경제적으로는 자본주의 제도를 실천하고 있다.

따라서 아시아에서 기독교 박해와 선교사 추방은 종교적 동기보다 정치적 동기가 더 중요하다. 비민주적 독제 정권이나 권위 정권은 인간의 평등, 민주주의, 사회정의의 가치관을 우선시하는 기독교를 환영할 이유가 없다. 예를 들면 미얀마 군사정부는 로힝가 무슬림 탄압으로 인권 탄압 시비를 당하자 "인권은 미얀마 문화와 종교적 가치에 어울리지 않는 생소한 이방의 것", "새로운 식민주의 발상", "제국주의"라고 일축하고 유엔 조사단 입국을 거부한 적도 있었다. 수 년 전 유엔인권위원장 이양희 박사가 미얀마를 방문, 로힝가 문제로 정부 관계자들과 회의를 하는데 불교 과격파 지도자 위라두는 회의장으로 난입, "창녀 물러가라."라고 외쳤다. 그러나 정부는 그를 제재하였다는 뉴스는 없다.

3) 종교적 민족주의 등장

소승 불교 국가에서 국가의 정체성은 인종과 불교로 규정된다고 하여도 과언이 아니다. 태국, 라오스, 버마에서 국민(시민)의 정의는 불교라는 종교로 결정된다. 버마에서 비불교인은 이방인이다. 캄보디아는 킬링필드 이후 불교의 힘이 많이 약하여 져 종교와 국민의 정체성이 일치하는 것은 아니다. 국민(시민) 정체성을 종교와 주류 인종으로 결정하는 것은 이들 동남아 불교 국가만이 아니다.

2012년 EU(Europe Union)는 "동남아시아에서의 통합"이라는 프로젝트로 아시아 학자들과 유럽 학자들을 동원, 동남아 6개 국가 즉 캄보디아, 라오스, 인도네시아, 말레이시아, 태국 및 베트남의 정치적 문화적 정체성에 대한 특별 연구를 실시하였다. 이들의 논문은 최근 책으로 출판되었다. 연구 결과를 요약하면, 이들 나라의 인종과 국가의 정체성을 결정짓는 가장 중요한 요소는 인종과 종교라고 결론을 내렸다.[4] 1999년에 일본의 국제 정치학자들은 전 세계적으로 일어나는 종교적 민족주의를 연구하여 책을 내었다. 이러한 이유로 인도차이나에서는 불교 민족주의가 발전하였다.

동남아 연구자 수기모도 도시오는 위와 유사한 결론을 내리면서도 더 첨가하여 흥미로운 결론을 내린다. 동남아에서 종교적 민족주의를 일으킨 주체들은 식민지 시대 때 미션스쿨에서 공부하면서 서구와 기독교를 접한 자들이다. 민족주의는 원래 아시아에서 발전한 것이 아니라 서구에서 들어온 이념이다. 서구는 민족 국가로서 종교보다는 정치 공동체 특징을 지닌다. 다인종이 정교 분리로 갈등 없이 지낸다. 그런데 동남아에서는 이러한 민족-국가 이념이 어렵다. 한 국가 한 종교를 추구한다. 여기서 다른 인종과 종교는 차별이 불가피하다. 서구 식민지 정부가 임의로 한 인종 한 나라 원칙을 무시하고 서구식 종교와 인종의 다원화를 강요하였다.

그러나 후일 동남아 정치 상황은 인종과 종교가 대립하는 구도로 발전하면서 종교와 언어를 중심으로 국가와 인종의 정체성을 결정하게 되었다. 따라서 종교 침해는 생존권 침해로 여긴다는 것이다. 아주 중요한 연구 발표이다.[5] 우리가 특히 유념할 것은 미션스쿨에서 민족주의를 가르친 것은 서양 선교사들이다. 상당수 서양 선교사들은, 특히 일부 영국 선교사들은 원주민 학생들에게 노골적으로 민족주의 정신을 부추기었다. 그 예로 영국 식민지 통치의 한 행정가는 일부 자기 나라 선교사들을 향하여 원주민 독립을 부추기는 가장 골치 아픈 친구들이라고 비방하였다.

인도차이나는 불교 민족주의와 공산주의 민족주의가 있는데, 양자가 혼합되어 구분이 어렵다. 이들은 철저히 반기독교, 반민주주의이다. 캄보디아의 왕 시아누크는 18세 때 왕이 되자마자 반식민지, 반기독교적인 인민사회주의 공동체(People's Socialist Community : Sangkum Reastr Niyom)를 조직하고 60년대 중반에는 친 중, 친 공산주의 노선을 취하면서 서구 선교사들과 서양인들을 추방하고 만다. 그는 1965년 인도네시아 반둥에서 열린 제3세계 지도자 대회에 참석, 김일성을 만나고 난후 김일성주의자가 된다. 시아누크는 폴포트에게 추방당하자 북한에 가서 무려 6년 동안 살았는데, 김일성과 엄청난 저택과 심지이 절까지 만들어 주었다고 한다. 그래서 프놈펜에 있는 대사관 중에 제일 중요한 요지에 있는 대사관은 북한이다.

캄보디아도 Nation, King, Religion의 삼위일체 국가이다. 공문서에 이것을 표기해야 한다. 그러나 종교는 모든 종교가 아니라 불교만을 의미한다. 캄보디아 종교성의 영어 명칭은 The Ministry of Religion and Cults이다. 앞의 종교는 불교만을 의미한다. 기독교를 위시한 다른 종교는 cults에 속한다. cult는 이단 종파나 분파 그룹을 의미한다. 캄보디아에서 기독교는 다른 종교와 함께 이단 그룹으로 취급된다. 태국의 국기도 삼색으로, 국가(민족), 불교, 왕을 상징한다.

4) 공산주의

아시아에서 기독교를 박해하는 무서운 이념 세력은 공산주의이다. 중국과 동남아 공산주의 지도자들은 이상하게도 동남아를 식민지화한 프랑스에서 공산주의를 배우고 와서 자기 나라를 공산화는데 앞장서고 이들은 반기독교 세력으로 변모한다. 중국의 모택동, 장택민, 베트남의 호치민, 캄보디아의 유명한 폴 포트, 라오스의 수파누봉(Souphanouvong)은 프랑스 유학파들이다. 캄보디아 킬링필드 때 폴 포트 공산당은 "옹카"(옹카 트낙 르 : 상부 조직)의 이름으로 150만 명에서 2백만 명을 죽였는데, 폴 포트를 위시한 대부분은 미션스쿨에서 공부하고 프랑스로 가서 공산당원이 되어 돌아온다. 폴 포트는 머리가 좋은 자가 아니어서 방송 기술 배우러 프랑스에 가서 마르크스 서클을 조직하여 공산주의 이념을 배우는데, 칼 마르크스의 『자본론』은 너무 어려워 포기하고 모택동 전집, 스탈린의 이념을 배우고 돌아왔다. 다른 옹카의 맴버들은 장 폴 샤르트르에게서 공산이념과 폭력혁명을 배웠다.

60년대와 70년대 동남아가 공산화 되면서 기독교는 엄청난 수난을 당한다. 프랑스가 기독교 국가라고 하지만 공산주의 이념의 원조 국가이다. 칼 마르크스도 프랑스에 가서 공산주의를 배웠다. 그래서 19세기 초 영국의 한 선교 지도자는 프랑스는 복음주의 기독교 보다 혁명과 반기독교적인 계몽주의 사상을 수출한다고 비판하였다. 폴 포트 시대 때 캄보디아에는 소련 공산당, 베트남 공산당, 중국 공산당, 프랑스 공산당, 국제 공산당이 서로 알력 다툼을 하여 중국 공산당을 등에 업은 폴 포트는 다른 공산 당원들을 차례로 학살하여 많이 구소련으로 베트남으로 도망갔다.

풀 포트는 그의 어록에서 사람을 죽인 것은 불교 교리에 근거한 것이라고 강변한다. 불교의 닐바나(궁극적 구원의 세계)는 전체만 있고 개인은 존재하지 않는다. 개인을 희생하는 이념은 공산주의나 불교는 유사하다는 것이다.

5) 기득권 세력의 보이지 않는 저항

아시아에서 자기 종교를 열심히 방어하는 자들은 기득권 세력과 지식인들이다. 지식인들은 열심히 자기 종교를 방어하는 변증서를 많이 쓰고 있지만 일부 사람들의 견해에 의하면, 하층민들의 경제 성장도 원치 않는다. 대중들의 교육 수준과 경제 수준이 상승하면 자신들의 기득권이 상실된다고 우려한다는 것이다. 동시에 인권, 평등, 민주주의 가치관을 중시하는 기독교도 저들의 위협으로 간주한다.

일본의 종교 연구가 나카노 쓰요시는 이 이론을 뒷받침한다. 그에 의하면 동남아에서 기성세대나 지배층 사람들은 자기 나라의 전통 종교를 신봉하는 반면, 청년들은 미국에서 들어온 여호와 증인, 몰몬교, 한국의 통일교 등 신흥 종교(이단)에 더 매력을 느낀다는 것, 그런데 이 이단들은 서구 문명을 지탱해 준 절대적 신을 배경으로 한 금욕적 프로테스탄트에 기초한 것이 아니라 인간과 자연에 내재하는 신비적 힘이나 영성을 강조하는 종교운동이라는 것이다.[6] 나카노 쓰요시가 지적한대로 선교지에도 이단 종교들이 더 설치지만 불교는 난공불락이다. 왕권, 군부, 기득권 세력들이 불교를 철저하게 보호하고 거기서 득을 본다.

인도도 근대화 정보화 시대에도 신분사회는 변하지 않고 있다. 인도의 상위 카스트들은 세계화 상층 계급 사람들은 유럽으로 이민을 가서 자유와 기회를 만끽하였음에도 인도에 돌아와서는 인도를 힌두교 나라로 세우려는 극우파 힌두교도들을 지원하고 있다. 외국에 사는 인도인들은 주로 상류층으로 서양 문화의 좋은 것은 인도에 수입하여 인도를 평등사회와 만들려는 변화자가 아니라 도리 기존 체제를 더 공고히 하는 문화 보수주의자 노릇을 한다.

사도 바울은 이미 이것을 경험한 자이다. 바울이 에베소에서 전도하면서 악귀들린 자들을 고치는 놀라운 이적을 행하였다. 바울의 선교는 에베소 시를 진동시켰다. 마술을 하든 자들은 책을 사람들 앞에서 불태운다. 그 값이 무려 은 오만이나 되었다(행 19:19). 그러나 바울이 전파한 "도로 말미암아 적지 않은 소동이 있었으니"(행 19:23)라고 기록한다. 데메드리오라 하는 어떤 은장색은 아데미 신상을 만들어 돈을 벌었다. 그러나 바울의 선교로 인하여 그의 영업이 크게 손상당할 것을 알고 군중들을 선동하여 박해한다.

아시아에서도 종교와 비즈니스가 함께 하고, 기득권 세력은 자기들 종교가 무너지는 것을 원하지 않는다.

6) 사회적 박해

동남아 기독교 신자들의 주류층은 청소년들이다. 그러나 이들은 먼저 가족들로부터 당하는 박해가 결코 만만치 않다. 일본도 예수를 믿으면 가족들로부터 당하는 핍박이 만만치 않다. 가족들이 아예 족보에서 이름을 삭제하기도 한다. 상속이나 재산 분배에서 제외되는데, 동남아도 이것은 보편적 현상이다. 동남아 사회는 우리 사회와 달리 부모의 권위가 막강하여 결혼도 부모가 결정권을 가진다고 한다. 종교문제에서도 이것은 예외가 될 수 없다. 캄보디아 장로교 신학생 들 중 부모로부터 박해를 받는 학생들이 있다. 부모 세대들은 자기들의 종교를 버리면 신(영들)의 진노를 사는 것으로 두려워한다.

또 부모들의 일차 관심은 경제이다. 자기 자식이 고등학교만 졸업해도 취직을 해서 돈 벌기를 기대하는데, 목사가 되면 자기 종교를 버리거니와 경제적으로 별 볼일 없다는 것을 잘 안다.

3. 박해의 신학

이제 한국교회는 바야흐로 박해의 신학을 진지하게 연구할 때가 되었다. 기독교 관점에서 역사는 하나님의 구원의 역사이면서 심판의 역사이다. 동시에 박해의 역사이다. 동남아 선교지에서 일하는 선교사들은 선교지 상황이 박해의 시대에 돌입한 것으로 해석한다. 박해 없는 선교를 시도하기도 한다. 이슬람권이나 불교권에서 시도된 내부자 운동은 가급적이면 불필요한 박해를 피하기 위한 신학적 노력이지만 성경적이 아니라는 반론이 강하게 일어났다. 미국에서도 트럼프 이전에는 기독교에 대한 공격이 심하여 어느 신학자는 미국 기독교회는 "부드러운 박해"(soft persecution)를 당하고 있다는 글을 발표하였다. 현재 한국교회 현실도 '준 박해'의 시대에 돌입하였다고 생각한다.

초대 교회부터 기독교는 박해의 역사였다. 주후 324년 콘스탄틴 대제가 기독교를 공식적으로 합법적 종교로 승인할 때 까지 3만 명에서 4만 명의 신자들이 순교 당하였다. 초대 기독교회 지도자들은 변증가, 신학자, 순교자였다. 당시 기독교를 비난하고 박해하는 자들을 향하여 기독교를 변증하는 저서를 많이 내었다. 초기 교부들은 기독교 신앙을 변증하는데 힘썼다. 안디옥교회 감독 이그나티우스는 바울 서신을 기초로 위대한 기독론을 논한 최초의 신학자이다. 그는 예수님의 도성인신(道成人身) 혹은 성육(incarnation)을, 인간을 위한 하나님 자신을 계시한 것으로 해석하였으며, 로마에 끌려가서는 로마 사람들을 향하여 "예수 그리스도는 하나님"이시고, "예수님의 희생은 하나님의 피"라고 외쳤다. 그는 로마에 끌려가기 전 이미 로마교회에 보내는 편지에서 "나는 하나님을 위하여 죽겠노라.", "내가 스스로 짐승의 밥이 되겠노라."라고 하였다. 서머나교회에 보내는 편지에서는 "칼에 가까운 자는 하나님께 가까운 자이다."라고 하였다. 순교자 저스틴은 대표적인 변증가이자 순교자이다. 그의 변증(Apology)은 기독교를 박해한 로마 황제 안토니누스 피우스(137-161)에게 기독교 신앙을 해명하고 변증한 것이다.

서머나 감독 폴리캅의 순교는 너무나 유명하다. 폴리갑은 순교하기 전 그에게 예수만 부인하면 살려주겠다는 제의에 "86년간 나는 그분을 섬겨왔고, 그분은 나를 한번도 모른다고 한 적이 없는데 내가 어떻게 나의 주님을 모른다고 하란 말인가?"하고 거절하였다. 터툴리안은 순교자의 피는 교회 성장의 원천이라고 하면서 고난당하는 성도들을 격려하였다. 초대 기독교인들의 신앙적인 순교 정신을 역사가 에드워드 기본도 『로마제국의 쇠퇴와 멸망』 15장에서 "그들은 핍박을 받을수록 서로를 더 가까이 하였고 서로 사랑하고 더 강한 믿음을 보여주는 것에 이방인들도 감탄하였다. 그런데 악한 동료들이 그들을 더 조롱한다."[7]라고 기술한다. 기본은 본장에서 초대 교회의 순수한 신앙이 로마 제국을 멸망시키는데 부분적으로 기여하였다고 긍정적으로 평가한다.

그러나 불행하게도 로마 가톨릭의 중세 시대는 기독교가 기독교를 박해하는 시대였다. 로마 제국이 많은 기독교 신자들을 죽인 것 같이 가톨릭은 그것을 그대로 모방하였다. 가톨릭이 기독교를 박해한 것을 가장 잘 고발한자는 존 폭스(John Foxe)이다. 그는 옥스퍼드대학 학생 시절 가톨릭교회의 잔혹한 행위에 반발, 외국으로 피난하여 개신교 신자가 된 다음 『순교자 열전』을 저술하였다. "다른 기독교"를 박해한 기독교가 지배한 중세는 유럽의 비극이다. 많은 역사가들은 중세를 신앙의 시대라고 하면서도 동시에 암흑의 시대로 말한다. 중세를 암흑의 시대로 말한 역사서는 아마도 수 십 권은 넘을 것이다. 윌 두란트(Will Durant)도 "신앙의 시대 중세 역사"(완전 이름 생략함)에서 중세 시대를 암흑시대로 규정한다. 종교개혁 이전의 개혁자 존 위클리프부터 존 후스까지 다 열거할 수 없다. 하지만 이들의 순교가 성경적 기독교를 낳는데 중요한 씨가 되었다.

1) 성경의 박해 예언

최근 서구 일부 선교학자들이 박해의 신학을 진지하게 연구하고 있다. 폰 발트하살(Hans Urs von Balthasar)은 예수님의 마지막 생해는 십자가를 지신 고난의 생애인 것처럼, 현재 지상의 교회도 그리스도와 함께 고난당하는 교회가 되어야 한다는 것이다. 예수님은 세상이 하나님의 백성을 미워한다고 예언하셨다. "세상이 너희를 미워하면 너희보다 먼저 나를 미워한 줄 알라. 너희가 세상에 속하였으면 세상이 자기의 것을 사랑할 것이나 너희는 세상에 속한 자가 아니요 도리어 내가 너희를 세상에서 택하였기 때문에 세상이 너희를 미워하느니라."(요 15:18-19).

성경은 세상의 정치권력이 교회를 핍박한다고 예언하였다. 다윗은 일찍이 예언적으로 열방이 분노하고 군왕들이 주와 그리스도를 대적한다고 하였다(시 2:1, 2; 행 4:25-27). 예수님도 종말에 박해를 다음과 같이 예언하셨다. "너희는 스스로 조심하라 사람들이 너희를 공회에 넘겨주겠고 너희를 회당에서 매질하겠으며 나로 말미암아 너희가 권력자들과 임금들 앞에 서리니 이는 그들에게 증거가 되려 함이라."(막 13:9, 참고 마 10:17; 행 12:10). 본문 말씀 다음에는 "복음이 먼저 만국에 전파되어야 할 것이니라."라고 하였다. 종말과 선교가 함께 하지만 종말 시대는 정부 혹은 권력자들로부터 박해를 받을 것을 예언하였다. 요한계시록 13장의 악한 짐승의 예언은 종말에는 정치권력과 악한 종교 세력이 결탁하여 하나님의 백성들을 크게 박해하는 것으로 해석할 수 있다.

바울의 신학은 십자가의 신학, 고난의 신학이다. 바울은 그의 서신에서 자신이 당하는 고난과 박해를 수차례 언급하였다. 바울은 같은 동족으로부터 박해를 가장 심각하게 호소하였다. 고린도 교인들에게는 고난과 위로에 함께 참여하여 달라고 부탁하였다.

그리스도의 고난이 우리에게 넘친 것 같이 우리가 받는 위로도 그리스도로 말미암아 넘치는도다 우리가 환난 당하는 것도 너희가 위로와 구원을 받게 하려는 것이요 우리가 위로를 받는 것도 너희가 위로를 받게 하려는 것이니 이 위로가 너희 속에 역사하여 우리가 받는 것 같은 고난을 너희도 견디게 하느니라 너희를 위한 우리의 소망이 견고함은 너희가 고난에 참여하는 자가 된 것 같이 위로에도 그러할 줄을 앎이라 형제들아 우리가 아시아에서 당한 환난을 너희가 모르기를 원하지 아니하노니 힘에 겹도록 심한 고난을 당하여 살 소망까지 끊어지고 우리는 우리 자신이 사형 선고를 받은 줄 알았으니 이는 우리로 자기를 의지하지 말고 오직 죽은 자를 다시 살리시는 하나님만 의지하게 하심이라 그가 이같이 큰 사망에서 우리를 건지셨고 또 건지실 것이며 이 후에도 건지시기를 그에게 바라노라 너희도 우리를 위하여 간구함으로 도우라 이는 우리가 많은 사람의 기도로 얻은 은사로 말미암아 많은 사람이 우리를 위하여 감사하게 하려 함이라(고후 1:5-11).

바울은 데살로니가 교인들에게 유대에 있는 하나님의 교회가 유대인들에게 고난을 받는 것으로 말한다. 신자 유대인을 괴롭히는 유대인은 물론 유대교를 믿는 유대인을 의미한다. 유대교는 아주 악하게 기독교회를 박해한 것은 바울이 많이 경험하였다. 본문은 인용하면 다음과 같다.

형제들아 너희가 그리스도 예수 안에서 유대에 있는 하나님의 교회들을 본받은 자 되었으니 그들이 유대인들에게 고난을 받음과 같이 너희도 너희 동족에게서 동일한 고난을 받았느니라 유대인은 주 예수와 선지자들을 죽이고 우리를 쫓아내고 하나님을 기쁘시게 하지 아니하고 모든 사람에게 대적이 되어 우리가 이방인에게 말하여 구원받게 함을 그들이 금하여 자기 죄를 항상 채우매 노하심이 끝까지 그들에게 임하였느니라 (살전 2:14-16).

유대인들은 바울의 선교를 철저하게 반대하고 핍박하였다. 바울의 선교에 가장 강력한 저항 세력은 유대 율법주의자들, 바리새인들이었다. 지금도 이스라엘의 정통 유대인들은 메시야 유대인들(유대인 기독교 신자)을 박해한다. 지금 이스라엘 정부는 10년 전 이스라엘로 피난 온 유대인 크리스천들을 추방하려고 한다. 10년 전 에리트리아와 수단은 엄청나게 기독교 신자들을 박해하여 유대인 기독교 신자들은 이스라엘로 피난하였다. 옛 자기 나라로 돌아온 셈이다. 그러나 자기 동족을 기독교 인이라는 이유로 추방하는 것은 이들을 사지로 몰아넣는, 있을 수 없는 일이다.

예수님의 산상 보훈은 의를 위하여 고난을 받는 자는 복이 있다고 하였다. "너희가 내 이름 때문에 모든 민족에게 미움을 받으리라."(마 24:9). 그러나 예수님은 고난 중에도 기뻐하라고 하셨다(롬 5:3-5; 마 5:11).

사도 바울의 교회론이나 봉사론은 신자들과 교회가 당할 수난과 박해를 언급한다. 그는 브리스길라와 아굴라를 하나님의 교회의 종들로 칭찬하는데, 이유는 그들은 바울의 목숨을 위하여 자기들의 목숨도 내어놓았기 때문이다(롬 16:3). 바울의 친척인 안드로니고와 유니아에게 문안하라고 부탁하는데, 그들은 바울과 함께 갇혔든 자들이다(롬 16:7). 바울은 고린도교회에 보내는 편지에서 복음의 문은 열려있는데 반대가 많다고 하였다. "내게 광대하고 유효한 문이 열렸으나 대적하는 자가 많음이라."(고전 16:9). 당시 바울에게 복음을 전할 수 있는 유효한 문이 열렸다고 하는데, 유효한 문은 효과적 사역을 위한 큰 문이 열렸다고 하였다. 그러나 동시에 "대적하는 자가 많다."라고 하였다. 오늘날 선교지는 효과적 사역을 위한 큰 문이 열렸다고 볼 수 없다. 태국이나 일본, 캄보디아, 버마 같은 나라는 비교적 자유로운 것 같으나 사람들의 마음 문이 닫혀있다.

바울은 다메섹 도상에서 예수님을 만나기 전에는 박해자였다. 그러나 피 박해자의 관점에서 복음전파는 고난의 사역임을 간증한다. 그는 항상 복음을 위하여 고난당하는 자들을 특별히 언급한다. 고린도후서는 여러 번 우리의 모든 환난 중에서 우리를 위로하는 하나님의 은혜를 말하고 "그리스도의 고난이 우리에게 넘친다."라고 하였다. 그러나 고난 중에서 우리를 건지시는 하나님의 은혜를 확신한다. 본문을 인용하면 다음과 같다.

> 우리의 모든 환난 중에서 우리를 위로하사 우리로 하여금 하나님께 받는 위로로써 모든 환난 중에 있는 자들을 능히 위로하게 하시는 이시로다. 그리스도의 고난이 우리에게 넘친 것 같이 우리가 받는 위로도 그리스도로 말미암아 넘치는 도다. 우리가 환난 당하는 것도 너희가 위로와 구원을 받게 하려는 것이요 우리가 위로를 받는 것도 너희가 위로를 받게 하려는 것이니 이 위로가 너희 속에 역사하여 우리가 받는 것 같은 고난을 너희도 견디게 하느니라. 너희를 위한 우리의 소망이 견고함은 너희가 고난에 참여하는 자가 된 것 같이 위로에도 그러할 줄을 앎이라. 형제들아 우리가 아시아에서 당한 환난을 너희가 모르기를 원하지 아니하노니 힘에 겹도록 심한 고난을 당하여 살 소망까지 끊어지고 우리 는 우리 자신이 사형 선고를 받은 줄 알았으니 이는 우리로 자기를 의지하지 말고 오직 죽은 자를 다시 살리시는 하나님만 의지하게 하심이라. 그가 이같이 큰 사망에서 우리를 건지셨고, 또 건지실 것이며 이 후에도 건지시기를 그에게 바라노라(고후 1:4-10).

바울은 특히 자신의 사도직을 의심하는 고린도교회에 고난 중에 복음 전파를 한다고 강조한다. 만약 순수한 동기가 아니고 참 하나님의 종이 아니면 고난을 당하면서 사역을 왜 하겠느냐는 겸손한 항변이다. 고린도후서에서 바울은 자신은 사방으로 우겨 쌈을 당하지만, 낙심하지 않는다고 하였다.

우리가 사방으로 욱여쌈을 당하여도 싸이지 아니하며 답답한 일을 당하여도 낙심하지 아니하며 박해를 받아도 버린 바 되지 아니하며 거꾸러 뜨림을 당하여도 망하지 아니하고 우리가 항상 예수의 죽음을 몸에 짊어짐은 예수의 생명이 또한 우리 몸에 나타나게 하려 함이라 우리 살아 있는 자가 항상 예수를 위하여 죽음에 넘겨짐은 예수의 생명이 또한 우리 죽을 육체에 나타나게 하려 함이라(고후 4:8-11).

종말과 선교는 함께한다. 선교는 증인, 즉 순교적 삶은 요구한다. 마태복음 24장에서 종말이 시대는 다양한 환란이 임한다고 하였다. 그러나 천국복음이 땅 끝까지 전파된 후에야 종말이 온다고 하였다. 마태복음 24:14에 "이 천국 복음이 모든 민족에게 증언되기 위하여 온 세상에 전파되리니 그제야 끝이 오리라."라고 하였다. 증언은 헬라어로는 'μαρτυριον'(마르튀리온)으로, 이 단어에서 영어 martyrdom이 파생되었다. 증거는 개인적 체험을 전제로 한다. 14절의 증거란 단어를 어떤 일본어 성경은 "아가시" 즉 간증으로 번역하였다. 가슴에서 체험한 신앙으로 전도한다는 의미도 된다. 선교는 단순하게 말로서 전파되는 것이 아니라 전도자나 선교하는 자들의 고난을 통한 증거 혹은 말씀 전파이다. 선교란 결코 낭만적인 소명과 헌신이 아니라 고난이 따른다.

마태복음 24장의 예언은 예루살렘 멸망으로 성취되었지만 앞으로 종말을 예언한 2중적 예언이다. 본문은 요한계시록 14:6과 연관 지을 수 있다. "또 내가 보니 다른 천사가 공중에 날아가는데 땅에 거주하는 사자들 곧 모든 민족과 종족과 방언과 백성에게 전할 영원한 복음을 가졌더라."

지상의 교회는 전투적 교회로서 고난이 불가피하다. 그러나 십자가

후의 부활을 약속한다. 하늘나라의 교회가 승리의 교회이다. 이 승리의 교회 들어갈 자는 "하나님의 말씀 때문에 목 메임을 당한 자들"이 하늘나라에서 천 년 동안 왕 노릇한다. 좀 끔찍한 말이지만 종말에 당해야 할 환란을 예언하였다. 요한계시록에 예언된 미래 세계는 우상 문화이다. 우상 문화에 감염되지 아니하고 굴복하지 아니한 자들이 하늘나라에 들어간다.

2) 박해의 유익

베드로전서는 고난당하는 신자들을 대상으로 한 편지이다. 사도 베드로는 다음과 같이 핍박을 견디라고 격려 한다.

> 사랑하는 자들아 너희를 연단하려고 오는 불 시험을 이상한 일 당하는 것 같이 이상히 여기지 말고 오히려 너희가 그리스도의 고난에 참여하는 것으로 즐거워하라 이는 그의 영광을 나타내실 때에 너희로 즐거워하고 기뻐하게 하려 함이라 너희가 그리스도의 이름으로 치욕을 당하면 복 있는 자로다 영광의 영 곧 하나님의 영이 너희 위에 계심이라 너희 중에 누구든지 살인이나 도둑질이나 악행이나 남의 일을 간섭하는 자로 고난을 받지 말려니와 만일 그리스도인으로 고난을 받으면 부끄러워하지 말고 도리어 그 이름으로 하나님께 영광을 돌리라 하나님의 집에서 심판을 시작할 때가 되었나니 만일 우리에게 먼저 하면 하나님의 복음을 순종하지 아니하는 자들의 그 마지막은 어떠하며 또 의인이 겨우 구원을 받으면 경건하지 아니한 자와 죄인은 어디에 서리요 그러므로 하나님의 뜻대로 고난을 받는 자들은 또한 선을 행하는 가운데에 그 영혼을 미쁘신 창조주께 의탁할지어다(4:12-19).

위 본문에서 박해받는 성도들에게는 하나님께서 대신 갚아주시지만 경건치 않는 자들과 죄인들에게 임할 심판을 동시에 암시한다. 데살로니가후서 1장에서 바울은 신자들이 박해를 받는 것은 영적 자격이 있다는 증거로 아주 높이 평가하면서 고난을 당할 것을 독려한다.

형제들아 우리가 너희를 위하여 항상 하나님께 감사할지니 이것이 당연함은 너희의 믿음이 더욱 자라고 너희가 다 각기 서로 사랑함이 풍성함이니 그러므로 너희가 견디고 있는 모든 박해와 환난 중에서 너희 인내와 믿음으로 말미암아 하나님의 여러 교회에서 우리가 친히 자랑하노라 이는 하나님의 공의로운 심판의 표요 너희로 하여금 하나님의 나라에 합당한 자로 여김을 받게 하려 함이니 그 나라를 위하여 너희가 또한 고난을 받느니라 너희로 환난을 받게 하는 자들에게는 환난으로 갚으시고 환난을 받는 너희에게는 우리와 함께 안식으로 갚으시는 것이 하나님의 공의시니 주 예수께서 자기의 능력의 천사들과 함께 하늘로부터 불꽃 가운데에 나타나실 때에 하나님을 모르는 자들과 우리 주 예수의 복음에 복종하지 않는 자들에게 형벌을 내리시리니 이런 자들은 주의 얼굴과 그의 힘의 영광을 떠나 영원한 멸망의 형벌을 받으리로다 그 날에 그가 강림하사 그의 성도들에게서 영광을 받으시고 모든 믿는 자들에게서 놀랍게 여김을 얻으시리니 이는 (우리의 증거가 너희에게 믿어졌음이라)(1:3-10).

위 본문에서 바울은 직설적으로 고난당하는 하나님의 백성을 향한 미래의 축복을 보장함과 동시에 하나님을 거부하는 자들에게 내릴 심판을 언급한다. 지옥 없는 기독교를 주장하는 다원주의 신학에 대한 중요한 교훈이다.

3) 박해당하는 교회가 순수한 교회였다

교회 역사에서 박해와 고난을 많이 당하는 교회가 교회 순수성과 영적 다이나믹이 넘쳤다. 랄프 윈터는 고난당하는 초대 기독교 300년 동안 선교한 것이 후일 1000년 동안 선교한 것보다 지역적으로 더 넓었고 영적으로 도덕적으로 더 큰 영향력을 행사하였다고 말한다.

종교개혁 이후 영국의 청교도 운동도 영국 국교회로부터 엄청난 박해를 많았지만 미국으로 건너가서 정교분리의 원칙아래 자유로운 사회에서 자유로운 교회라는 슬로건으로 성경적 교회를 세웠다. 이들을 언약의 사람들로 말한다. 변호사 윌리암 윈드롭은 마태복음 5장 13절의 말씀을 근거로 "산위의 도시"(city on the hill)를 건국이념으로 내 걸었다. 미국은 전 세계를 복음화하는 수단으로서의 나라가 되어야 한다는 것이다.

4) 선교지 박해 : 거르는 체이다

박해는 고통스러운 것이다. 극심한 박해는 일시적으로 교회를 없이할 수 도 있다. 아시아 교회사는 이것을 증명하고 있다. 그러나 박해는 필요한 하나님의 권징(discipline)이고 동시에 "거르는 체"이다. 필자는 자유당 시절에, 신학교 가기 전에 제일 제당 제분부에서 일한 적이 있다. 필자가 맡은 일은 밀가루를 다양한 종류의 가루로 분류하는 체(sifter)를 다루는 것이었다. 1분간 수 백회 회전하는 체는 밀가루를 잘 세밀하게 분류한다. 체를 통과하지 못한, 버려야 할 굵은 가루는 버려지는 구역으로 내려가게 된다.

이제 명목상 신자들은 환란을 통하여 스스로 자신들의 정체성을 바로 해야 할 때가 되었다. 이점에서 박해는 필요한 것이다. "청함을 받은 자들은 많으나 택함을 받은 자는 적다."

둘째로, 많은 선교사들은 선교지에서 네비우스 박사가 말한 구 방식(Old Method)을 실천하고 있다. 즉 좋게 말하면 사례금이지만 월급을 주고 현지인 사역자를 고용하는 선교사들이 너무나 많다. 고용사역자들이 참 헌신적인 사여자인지는 섬기는 교회가 어려울 때 알 수 있을 것이다. 선교지에서 박해와 수난은 필요한 "영적 체"(spiritual sifter)의 역할을 한다.

5) 박해는 선교의 기회이다

그러나 아시아에서 박해는 도리어 전도와 교회 성장과 부흥의 기회로 작용하였다. 1960년대 중국의 문화혁명 때 기독교는 엄청난 수난을 당하였다. 중국이 공산화 될 때 기독교 신자는 4백만 명이었다. 그러나 79년 개방 이후 80년대 기독교 인구가 5천만 명으로 증가하였다. 이 통계는 중국인 공산권 선교 전문가 조나단 차오 박사가 81년 서울에서 개최된 아시아 복음주의 선교대회에서 밝힌 것이다.

1979년 이란에서는 호메이니가 주도하는 이슬람 혁명으로 기독교회는 엄청난 박해를 당하였다. 그러나 지금 이란은 미국에서 송신하는 기독교 선교방송을 통하여 백만 명 이상의 지하교회가 생겨났고, 터키 등 외국으로 탈출한 많은 이란인들이 기독교로 개종하고 있다.

70년대 베트남, 라오스, 캄보디아가 공산화될 때 기독교는 소수였지만 거의 전멸할 정도가 되었다. 75년 캄보디아 신자는 1만 명에 목사 30

명이었다. 그러나 거의 다 죽고 극소수만 생존하였다. 많은 사람들이 태국 난민촌으로, 미국, 호주, 프랑스 등으로 탈출하였다. 그러나 많은 사람들이 난민촌에서 선교 단체를 통하여 기독교로 개종하였다. 미국으로 간 캄보디아와 베트남인들이 기독교로 개종, 미국에는 캄보디아와 베트남인 교회가 왕성하다. 이들 중 많은 목사 평신도들이 지금 자기나라 복음화에 기여하고 있다.

인도네시아는 이슬람 원리주의 집단의 교회를 향한 테러와 폭력이 계속되고 있다. 이로 인하여 교회는 더 부흥하고 지도자들이 교단을 초월하여 연합하면서 대형 집회로 맞서는 상황이다. 지금 인도네시아교회가 성장 부흥하여 한국교회의 촛대가 인도네시아로 옮겨지고 있다고 말할 정도이다. 인도네시아 아체 주는 무서운 강성 이슬람 지역이다. 아시아의 메카로도 부른다. 그러나 2000대 초 섬을 휩쓴 쓰나미는 NGO를 통하여 복음이 들어가는 계기가 되었다. 박해, 전쟁, 자연 재난은 복음의 기회가 되었다.

6) 고난당하는 교회를 위한 한국교회의 역할

박해의 시대를 맞이하여 전 세계에 많은 크리스천 디아스포라가 흩어져 있다. 우리는 선교사만 보낼 것이 아니라 이들과 연대하고 협력할 수 있는 방안을 강구하고 참여해야 할 것이다. 서구에는 박해받는 자들을 위하여 기도하고 구체적으로 행동하는 단체들이 너무나 많다. 파키스탄에서 해마다 신성 모독죄로 구속되는 신자들이 많고 과거에는 사형까지 선고된 억울한 교인들이 있었다. 이들을 위하여 서구 단체가 강력하게 파키스탄 정부에 항의하여 구조된 일이 한 두 번이 아니다. 한국에도 지금 종교적 난민이 있다. 한 난민을 위하여 교회와 선교회 및 신자 변호사님들이 많은 도움을 준 것을 감사하게 생각한다. 한국교회가 선교 대국이 되기 위해서는 박해받는 교회와 연대(solidarity)하고 이들을 도우는 국제단체와 공동전선을 형성하는 것도 중요한 선교이다. 한국교회 선교가 너무 개인주의가 되어 소규모로 운영되는 것은 유감이다. 불행하게도 아시아 나라들 취고 인권문제, 나아가 종교 인권문제를 정부차원에서 관심을 가지는 전무하다. 일본도 복지와 병원, 개발 등에 많은 원조 활동을 하지만 종교 인권문제와는 거리가 멀다. 일본도 사실상 보이지 않게 기독교를 차별하는 나라이다. 아시아 국가 중 인권, 민주주의, 언론의 자유라는 보편적 가치관을 보급하려는 국가는 없기 때문에 아시아 나라에서는 앞으로 100년이 되어도 Pax Americana를 대치할 나라는 등장할 수 없을 것이다.

WCC는 지상의 모든 교회가 연합하고 상호 교류하면서 하나님의 나라를 땅 위에서도 구현하는 것을 목적으로 하였다. WCC가 조직되도록 촉매제 역할을 한 것은 히틀러이다. 나치정권 때 독일과 일본은 민족주의 이름으로 교회를 탄압하여, 국제선교회(IMC)가 주최하는 마드라스 대회(1938년) 대표 참석을 못하게 하였다. 여기에 대항하여 WCC 전신 기구인 신앙과 직제(Faith and Order)와 생활과 사업(Life and Work)은 이러한 민족주의에 대항하여 기독교의 세계성, 보편성(universal)으로 맞서면서 WCC를 조직, 1948년 암스테르담에서 첫 총회를 개최한다. 초기 WCC는 박해받는 교회 연합과 박해받는 교회와의 연대가 중요한 모토였다.

그러나 1961년 뉴델리 대회에서 구소련 정교회가 가입함으로 공산권과 이슬람 국가의 종교 탄압은 입도 벙긋 못하고 있다. 도리어 자유진영 국가의 독재와 종교 탄압을 문제 삼는 모순을 범하고 있다. WCC는 1980년대 평화의 신학을 제창하면서 남북한 통일을 추구하는 신학 선언을 하고 남북 교회 지도자를 제네바로 초청하기도 하고 북한도 방문하였다. 그러나 북한의 고난당하는 지하 교회는 전혀 무관심하다. 우리 사회도 지금 동일한 상황이다. 인권과 민주화를 외치는 세력들이 인권탄압의 독재정권과 협력하는데 안달하는 모습이다. 여기에 많은 기독교 신자도 동조하고 있다. 한국 기독교는 이념적으로 중대한 위기에 처하고 있다.

이러한 상황에서 미국과 유엔, 및 비공식적 복음주의 기독교 종교인권단체들의 활동을 감사하게 생각한다. 참고로 중요한 종교 인권을 위한 단체들은 다음과 같다. International Christian Concern, Brother's Keeper, Christian Solidarity International, Voice of the Martyrs, Christian Life Commission of the Southern Baptist Convention, Open Doors, and World Evangelical Fellowship Religious Liberty Commission, the National Association of Evangelicals(USA).

제8장

한국 선교가 가야할 방향

1. 20세기 선교 2위 국가 한국

20세기 한국은 동란, 가난 혼란 중에서도 하나님의 은혜로 90년대 바야흐로 선교사 파송 2위 국가로 부상하였다. 이것은 20세기 초기 한국 기독교 부흥의 열매이다. 20세기 초 한국 기독교는 세계를 놀라게 할 정도로 아시아에서는 급성장, 부흥하는 기독교회가 되었다. 서구의 선교 운동가들과 학자들은 한국이 미래에 선교 대국이 될 것으로 예언하였는데, 그 예언이 적중하였다.

그러나 선교는 교회 성장과 함께 국력이 뒷받침 되어야 한다. 초대 교회만이 문명이 낮은 유대 기독교가 문명이 높은 나라로 선교를 하였고, 그 이후는 선진국이 후진국으로 선교를 하였다. 1970년대와 80년대는 한국은 교회 성장과 경제 성장이 함께 한 시대이다. 88올림픽, 월드컵, 한류 바람은 한국 선교에 유리하게 작용하였음을 부인할 수 없다. 한국어 열기로 가장 득을 본 자들은 선교사들일 것이다. 2007년 아프칸 사태는 한국 기독교와 선교를 실추시키는 불행한 사건이었다. 하지만 영국 이코노미스트지는 탈레반들이 한국 크리스천을 노린 것은 한국은 자본주의, 민주주의, 기독교라는 3이데올로기로 부흥한 비서구의 모델 국가이어서 반자본주의, 반민주주의, 반기독교의 이슬람이 한국을 노렸다고 하였다.

사무엘 헌팅톤(Samuel Huntington) 교수는 "문화가 중요하다"라는 논문에서 가나와 한국을 비교하면서 한국을 극찬한다. 60년 전 가나와 한국은 비슷한 경제 수준에서 같은 액수의 원조를 미국으로부터 받았는데, 가나는 그대로 가난한 나라가 되고 한국은 피원조국에서 원조하는 나라가 되었다고. 받는 나라에서 주는 나라가 된 것은 아직 한국뿐이라고 한다.

한국교회가 해외 선교를 본격적으로 시작한 것은 1980년대 후반부터이다. 당시 많은 한국 선교사들은 선교 경험이 빈약한 국내 선교단체보다는 해외 선교회를 선호하여 해외 선교회에 가입 신청을 하였다. 해외 선교 단체들은 선교를 지망한 한국 선교사들을 조회할 연합적인 선교단체가 없어 개인적으로 한국 지도자들에게 문의하는 상황이었다. 1990년 대 초기 한국선교선교협의회(KWMA)를 조직하게 된 것은 그것이 한 원인으로 작용한다.

한국교회는 영적 물질적 축복을 바탕으로 본격적으로 선교한지 채 10년도 안 되어 외국 교회 지도자들로부터 칭찬과 비난을 동시에 받게 되었다. 91년 한 국제대회에서 P 선교지 교회 지도자는 "한국 선교사들은 선교지 교회와 상의 없이 한국방식으로 선교를 하여 선교지 교회에 도움을 주기보다는 피해를 준다."라고 노골적으로 불만을 토하였다. 이 나라에서 후일 교회 지도자들이 연합으로 자기 정부에 한국 선교사 추방을 건의하였지만 사과함으로 위기를 모면하였다. 이러한 케이스는 한두

번 만의 문제가 아니다. 그래서 1991년 11월 첫 KWMA 주최의 「2000 년대를 향한 민족과 세계 복음화 회의」는 깊은 반성의 성명서를 채택하였다. 주요 내용을 요약하면 다음과 같다: 한국교회를 성장시켜 주신 하나님께 감사하면서 선교신학, 훈련, 경험 및 협력의 부족으로 인한 잘 못에 대하여 하나님께 용서를 구하였다.

"선교지 문화와 전통을 존중하되 성경을 바탕으로 하는 상황화와 토 착화를 목표로 하고 선교지 교회의 자율적 성장을 격려한다."

"우리는 선교사 양성과 훈련, 선교정보 교환의 중요성을 인식하며 그 일을 위한 협력의 필요성을 확인한다."[1]

지금 세계 선교는 위기에 직면하고 있다. 1970년 아시아 나라들은 자 기들의 종교를 부흥시키면서 종교와 독재적인 권위주의 정치문화가 불 순한 동맹(unholy alliance)을 하면서 기독교 선교를 배척하고 있다. 선 교의 패러다임이 불가피하게 변하고 있다. 80년대 우리가 선교하든 아 시아 나라들이 가난하여 한국 선교사들을 웰컴하였는데, 이제 경제가 성장하기 시작하면서 빵도, 봉사도, 개발도 사양하면서 "missionary, go home!"하고 있다. 일부 나라에서는 현지 교회 목회자들이 언어도 안 되 면서 돈 가지고 주인 행사한다고 한국 선교사 물러가라고 외친다.

한국 선교는 많게는 40년에서 30년을 넘기고 있다. 2만 5천명이 넘는 선교사들이 수십 년 동안 선교지에 교회도, 선교센터도, 학교와 병원도 엄청나게 많이 세웠다. 그러나 시급한 난제도 있다.

2. 선교지의 시급한 이슈

1) 재산 문제

가장 시급한 이슈는 선교지의 재산문제이다. 한국교회도 서구 선교단체로부터 학교, 병원, 복지기관 등 재산을 이양 받으면서 많은 분쟁을 겪었다. 한국 선교도 이제 재산을 이양할 때가 되었고, 앞으로 많이 이양을 해야 하는데 재산분쟁의 가능성을 안고 있다. 대부분 선교지에서 외국 사람은 2층 건물 이상 아닌 부동산은 재산 등록이 되지 않아 부득이 현지인 이름으로 등록한다. 이미 현지인 사역자 중에서 재산을 사유화 하거나 은행에 저당하여 융자를 하거나 재산을 탐내어 선교사를 고발하여 선교사를 추방하는 사례가 허다하다.

어느 교단 선교부는 자기 교단 선교사들의 모든 부동산을 하나의 법인으로 하려고 하지만 현지 국가에는 종교법인 시스템이 없어 재산을 일반 법인으로 하여 현지인 51% 외국인 49% 지분으로 등기를 하는 것은 비교적 안전하지만 개인 재산으로 등록된 것은 현지인의 사유화 가능성이 많다고 보아야 할 것이다. 캄보디아에서 하나의 장로교단을 조직한 한국 장로교 선교사들은 교회건물을 4명 선교사(2명은 현지인 국적 취득) 명의로 법인을 만들어 많은 교회가 가입하였다. 그러나 대부분 선교사들은 이러한 법인이 없이 현지인 개인 이름으로 재산 등록을 하였는데, 솔직히 말하면 미래가 지극히 불안하다. 서양 선교사들도 재산을 많이 빼앗겼다. 이제 선교사나 후원교회도 건물 지어주는 선교는 신중해야 할 때가 왔다. 교회당(건물)과 교회를 동일시하는 교회관은 시정되어야 한다.

2) 자립 가망이 없는 교회: 언제까지 후원해야 하는가?

많은 선교사들은 고용 사역자(paid workers)와 함께 교회를 개척하여 사례비도 주고 교회 운영비도 지원하는데 이렇게 시작한지 10년, 20년 되어도 자립 가망이 없는 교회가 대부분이다. 만약 현 상태에서 지원을 중단하면 문을 닫는 교회가 많다. 이미 앞 장에서 다루었지만 중국과 일부 국가를 제외하고는 교인들이 대부분 가난하거나 하층 계급이어서 신분상승이 불가능하다. 중국은 경제가 부흥하면서 교회가 자립하여 한국 선교사들을 지원하고 자동차도 사 주는 중국 교회가 있다. 이러한 것은 다른 나라에서는 거의 기대할 수 없다.

선교 역사의 경험에서 돈으로 시작한 교회는 돈 떨어지면 90% 이상 문을 닫는다. 서양 선교가 이미 이것을 경험하였고 한국교회도 이미 경험한 일이다. 예를 들면 80년대 한 선교회는 선명회와 공동으로 인도네시아, 인도, 태국에 한 교회에 100달러를 5년간 지원하기로 하고 교회 개척을 시작하였다. 매년 20불씩 지원을 삭감하여 5년 후에는 자립하도록 한다는 것을 원칙으로 하였다. 그러나 5년 후 지원을 중단하자 3 나라 교회들은 다 문을 닫았다. 미국 남침례교회가 캄보디아에서도 자금을 주는 선교를 하다가 중단한지 오래되었다. 한 서양 선교 단체는 B 국가에 돈으로 교회 개척을 하였는데, 지금은 심각하게 고민 중이라고 한다. 가난한 사람들에게 지원이 불가피하지 않느냐고 하지만, 이 논리는 가난한 나라에는 교회도 세울 수 없다는 논리가 된다. 하나님의 교회는 가난과 상관이 없다. 초기 한국 선교 모델에서 이 문제를 다루고자 한다. 다시 강조하지만 대부분 서양 선교 단체들은 절대로 현지 사역자에게나 건물을 위하여 돈을 주지 않는다.

3) 독립 교회 문제

한국 선교사들이 세운 교회는 현지 교단 교회에 가입하는 경우가 많지만 독립 교회가 너무나 많다. 독립 교회들은 신학적으로 "우리는 하나의 거룩한 공교회인 사도적 교회를 믿습니다."(Credo unam sanctam catholicam apostolicam ecclesiam)라는 신앙고백과는 거리가 멀다. 하나님의 교회는 하나로, 교회간의 교제와 협력이 중요한데, 이러한 교회의 공동체성을 외면한다. 성경에 안디옥교회는 안디옥에 하나의 교회만 존재한 것이 아니라 많은 교회가 있었지만 단수로 표현하였다. 독립 교회 문제는 첫째로 윤리 문제가 발생하였을 경우, 치리할 상회가 없다. 재산도 사유화할 가능성이 많다. 교단 교회 소속이 되면 교회간의 경제적 어려움도 상부상조할 수 있다. 한국교회는 70% 이상이 미자립 교회이지만 한 노회나 지방회 큰 교회가 작은 교회를 돕는다. 선교지 독립 교회는 한 나라 안에서 도울 교회가 없다.

4) 이양할 지도자가 귀하다

대부분 선교지는 이양할 때가 되었는데, 이양할 헌신적이고 능력 있고 정직한 현지인 지도자가 극히 드물다. 목사들은 많은데 평신도 지도자가 절대 부족하다. 한국 선교사가 이양하여 잘 운영되는 교회, 학교, 선교센터 등이 있지만 대체적으로 지도자 부재의 애로를 겪고 있다. 캄보디아 장로교회를 세울 때도 목사는 세워졌는데, 장로가 없어 노회구성이 지연되기도 하였다. 한국 선교는 많은 학교를 세웠으나 이양할 유능한 교육가, 행정가가 없다. 이것은 선교의 목표 설정이 잘못된데 있다. 아기집을 짓기 전에 임신을 먼저 해야 한다. 믿음으로 아기집을 먼저 지었는데, 정작 아기가 탄생하지 않는다.

한국 선교는 많은 문제가 있지만 이제부터라도 멋진 선교 대국이 되어야 한다. 멋진 선교 대국의 모델은 바로 초기 한국 선교로 돌아가는 것이다.

3. 초기 한국교회 : 선교의 모델이다

1900년 뉴욕선교대회는 19세기 후반 선교지에서 성공한 선교의 모델로 한국교회를 소개하였다. 1910년 에든버러 세계선교대회도 한국교회 성장을 경이적인 것으로 표현하였다. 20세기 초기 한국교회의 특징에 대하여 달비 풀톤은 한국교회는 "처음부터 기도하는 교회, 주는 교회, 전도하는 교회, 성경을 연구하는 교회"[2]라고 찬양하였다. 모델이 될 수 있는 이유는 다음과 같다.

당시 한국은 복음을 잘 받아들이는 복음의 수용성(receptivity)가 높은 나라였다. 다른 아시아 나라들은 서양 선교사를 외국 마귀로 배척하였지만 한국 백성들은 외국인과 선교사를 환영하였다. 심지어 언더우드 선교사가 발행하는 주간뉴스를 많은 공무원들과 왕도 읽었다고 보고한다. 북장로교 총무 스피어 박사는 부언하기를 지금 알렉산더 대왕의 제국, 로마 제국은 어디에 있는가? 다 사리지고 말았다. "정의와 하나님과 복음은 영원할 것이다. 한국에는 멀지 않아 기독교 임금이 등장하지 않는다고 말할 수 있겠는가?"라고 하였다. 그러나 스피어는 한국 크리스천들이 너무 애국심이 강하여 서재필 박사가 독립운동에 참여하는 것을

위험한 것으로 지적하였다.3)

2004년 캄보디아의 장로교 12개 교단 선교사들은 캄보디아에 하나의 장로교 신학교에 하나의 장로교회를 세우는 것을 목표로 신학교를 세우고 8개 장로교 교단 선교부의 승인을 받아 총무들과 총회장들이 와서 축하를 하였다. 이 모델은 평양신학교와 하나의 조선장로교 독노회이다. 공의회 설립에서부터 신학사상까지 초기 장로교 시스템을 카피하여 캄보디아에 하나의 장로교회를 설립하였다.

1) 하나의 장로교회 건설

초기 한국 선교사들은 교파를 초월한 협력의 모델이다. 미국 북장로교, 남장로교, 호주 장로교, 카나다 장로교와 미국 북감리교, 남감리교의 6개 선교부는 선교 공의회를 조직, 하나의 조선기독교회 건설을 시도하였지만 이루지 못하였으나 지역 분할(Comity System)을 하였으며 부족한 사역자 수급을 위하여 지역별로 하나의 성경학교를 세웠다. 제일 먼저 시작한 성경학교는 장로교와 감리교 선교사들이 서울에 세운 연합성경학원이다. 네 장로교회는 하나의 장로교회인, 조선장로교를 세워 1912년 첫 총회를 평양에서 개최하였다.

장로교 선교사들은 한국어를 마스터하여 노방전도로 많은 소그룹의 가정 교회를 세워 그 가운데 한 신자를 지도자로 임명, 그들에게 성경을 가르치기 위하여 성경반(Bible Class)을 개설하였다. 성경반이 후일 평양신학교로 발전한다. 선교사들이 거리에서 집 마당에서 전도할 때 많은 사람들이 모여들었다.

2) 개혁주의 신앙과 신학의 교회 건설

총회는 웨스트민스터 신앙고백과 대소교리 문답을 신앙고백으로, 그리고 인도 장로교의 12조 신조를 채택하였다. 이것은 당시 아시아 대부분의 장로교회가 채택한 신조로서, 세계적으로 장로교의 일치를 추구한 것이다. 1912년 총회를 시작할 때도 "개혁주의 신앙과 장로교 정치를 신봉하는"(holding to the Reformed Faith and Presbyterian Government) 하나의 장로교회 건설을 결정하였다. 신학은 개혁주의, 교회 정치는 장로교 제도이다.

하나의 장로교 신학교인 평양신학교는 고등 비평과 자유주의 신학은 위험한 이단으로 생각하였다. 서구에서 장로교회는 예정 교리로 인하여 선교가 약하다는 비판을 받았으나 한국 장로교 선교사들의 신학은 개혁주의 신학과 전도의 통합이었다. 평양신학교 교장 마포삼열(馬布三悅, Samuel A. Moffet) 박사는 "우리는 십자가에 못 박힌 그리스도를 전하고 잃어버린 양들에게 예수를 구주로 믿게 하는 것뿐입니다. 이것이 바로 우리가 지향하는 선교사업의 주요 목적이며, 또한 자부이기도 합니다. 모든 기관과 방법은 이 십자가의 도를 한국에서 실현하기 위하여 필요한 것입니다."라고 하였다.

3) 성경을 강조하는 교회

초기 선교사들은 종교개혁자들의 성경관인 성경을 영감 된 하나님의 무오 한 말씀으로 확신하였다. 곽안련(Charles A. Clark) 선교사는 "한국교회는 성경위에, 단순한 성경 본문 위에 건립되었다."라고 하였다.

장로교 선교사들은 성경을 읽도록 하기 위하여 한글 방을 열어 한글을 부지런히 가르쳤다. 당시 "상놈들의 글로 무시당한 언문"을 우리 언어로 격상시키어 문맹자를 없이하는데 크게 기여하였다. 성경을 통하여 성령이 역사하시며 성경만이 신자들을 영적으로 양육하는 생명의 양식이었다. 그래서 성경 외우는 것을 권장하였다. 학습 받기 전에 성경 읽는 것은 필수적이었다.

네비우스 박사는 바울이 에베소 교회에서 행한 송별 예배 설교, "내가 너희를 주와 및 그의 은혜의 말씀께 부탁하노라."(행 20:32)라는 말씀에 근거하여 성경을 자립의 영적 기초로 삼았다. 한국교회의 성경 강조에 대하여는 선교운동가인 존 모트 박사(John R. Mott)가 아주 흥미 있는 말을 하였다. "한국교회는 전쟁이나 엄청난 천재지변으로 인하여 인쇄된 성경이 다 없어졌다고 가정하자. 몇몇 신자들을 불러서 성경을 외우게 하면 다시 복원할 수 있다."라고 하였다. 성경은 평범한 언어로 된 평민들을 위한 평민의 책이었다(plain book for plain people in plain language).

4) 자립하는 교회

한국교회는 처음부터 가난한 중에도 자립하는 교회의 모델이 되었다. 장로교 선교사들은 시작부터 한국교회의 토착화는 경제적 자립에 있다는 것을 제도화 하였다. 경제적 자립은 돈만의 문제가 아니라 영적 차원이 내포되었다. 네비우스의 자립원리 원리의 핵심은 성경공부와 경제적 자립이다. 네비우스는 중국에서 실패한 rice Christians을 교훈삼아 보수받는 사역자(paid worker)는 악으로 단정하였다. 선교사는 한국인 사역자에게 돈을 주지 않았다. 예배당은 신자들이 스스로 건축하지만, 한국 실정에 맞게 초가집, 기와집으로 지었다. 아시아 나라에서 보편적인 서양식 건물이 아니었다.

그러나 신자들이 경제적인 생활 문제에 직면할 때는 가능한 도움을 준다. 성경의 규율을 따라 엄격한 징계를 가하고, 모든 신자는 다른 새 신자의 선생이 되며 동시에 더 성숙한 신자에게서 배운다. 신자들은 개종한 이후에도 자기들의 직업에 종사하면서 신앙생활을 하고 전도를 하게 하였다 (고전 7:20).

한국교회는 바치는 교회였다. 초기 많은 신자들은 하나님의 교회를 위하여 자기 재산 바치는 것을 아까워하지 않았다. 라토렛 교수는 초기 한국 장로교회는 19세기와 20세기 선교가 세운 어느 신생 교회(the younger churches) 보다도 개인 신자가 바치는 헌금이 제일 많았다고 칭찬하였다.[4]

5) 부흥운동

1907년 부흥운동은 탈성경적 감정의 체험이 아니라 성경을 통한 성령의 역사로, 철저한 회개운동이 일어났다. 평양 부흥회는 당시 영국 웨일즈, 인도, 미국 등지에서 일어난 부흥운동과 맥을 같이한다. 한국의 부흥운동은 한국교회에 영적 활력을 주었고 한국 신자들의 도덕적 수준을 함양시키었고 교회 배가운동을 일으키는 원동력이 되었다. 이후 일어난 새벽 기도는 한국교회의 전통으로 정착하였다. 초기 한국교회 신앙 형태는 퓨리탄적 윤리와 웨슬리적 부흥의 합작이었다. 부흥운동은 성경을 통하여 성령을 체험하는 부흥이었다. 한국교회 연례행사의 부흥회는 사경회(Bible Conferece)였다. 성경을 배우는 집회가 부흥회로 발전한 것이다.

6) 한국 문화를 존중한 선교사들

선교사들은 한국 문화를 존중하고 조상 제사와 술 문제 같은 민감한 문제는 한국 신자들에게 결정을 맡겼다. 네비우스는 중국의 종교를 너무 신랄하게 비판한 것이 아니라 그대로 소개하고, 중국 종교가 중국인들의 영적, 지적 욕구를 충족시키지 못하였기 때문에, 중국인들은 새로운 종교를 추구하였다고 강조한다. 그는 또한 중국인들이 귀신을 두려워하고 무당을 하는데, 신자들이 기도와 전도로 마귀를 쫓아내는 것을 인정하고 이것을 성경적으로 뒷받침하기 위하여 『귀신들림』을 저술하였는데, 이 주제는 당시 개혁주의 신학자들이 외면한 이슈이다.

한국의 선교사들도 타종교에 대하여 네비우스와 동일한 입장을 나타냈다. 한국 문화와 종교에 대한 그들의 글 어느 곳에서도 한국 종교를 마귀로 정죄하는 것은 삼가 하였다. 다만 네비우스처럼 유교, 불교, 샤머니즘은 인간들이 추구하는 완전한 구원의 종교가 되지 못함으로 참 종교를 택할 것을 권장한다.

선교사들은 결정이 어렵고 민감한 문화적, 혹은 습관에 대하여 중생한 한국인 신자들의 판단에 맡겼다. 한국교회는 술과 담배를 죄악시하는 전통이 있는데, 이것은 선교사들이 강요한 것이 아니라 한국 신자들이 결정한 것이다. 게일 박사는 원주민 문화와 풍속에 대한 선교사의 판단을 개가 집을 지키는 것에 비유한다. 미국의 흑인 노예는 주인집에 오는 손님을 향하여 개가 경계하는 태도를 취하는 것을 방관하고 개가 하는 대로 버려둔다. 즉 손님이 그 집과 친분이 있는지 없는 지는 개가 판단하게 한다는 것이다. 이런 식으로 조상 제사와 같은 민감한 문제에 대하여는 선교사는 "그것을 잘 알려라, 그러나 손대지 말라."라는 것이다. 조상 제사는 중생한 한국인 신자들이 스스로 판단하고 처리하게 하라는 것이다. 그는 1896년 원산에서 신자들에게 설문을 돌려서 제사 의식에 대한 의견을 물었다. 대답은 한결 같이 제사를 거부하는 것이었다. "부모를 기억해야 하지만 죽은 부모에게 제물을 바친다는 것은 어리석은 것이라는 것이 일반적인 견해였다." 그런데도 1920년대 변영태는 한국 교회가 조상제사를 금지한 것은 잘못이라고 신랄하게 비판하고, 조상 제사의 금지는 선교사들의 무지와 독선에 기인한다고 선교사들에게로 화살을 돌렸다.

4. 바람직한 선교전략 제안

이상과 같이 초기 서양 선교사들이 우리들에게 가르쳐 준 원리와 전략은 지금도 선교지에서 실천해야 한다고 확신하면서 한국 선교의 방향을 다음과 같이 제안한다.

1) 자립, 자치, 자력 전파의 교회 설립

바울 선교는 처음부터 자립, 자치, 자력 전파의 원주민 교회 설립이었다. 한국 선교사들은 먼저 한국어를 배워 노방전도를 하여 소그룹 혹은 가정 교회를 세웠다. 결코 사역자에게 사례 주는 일이 없었다. 한국교회를 부흥시킨 전략은 성경공부와 자립이었다. 그러나 한국 선교는 성경의 원리와는 다르게 주는 교회가 되었는데, 하나님의 은혜를 받은 만큼 주어야 한다. 그러나 성경에 원조(헌금)는 가난한 교회 성도들을 위한 것이었지만 개인적으로 주는 것을 피하고 여러 사람이 함께 하였다.

바울은 결코 선교지 교회나 사역자에게 돈 준 일이 없다. 당시 다 가난한 자들이 많았다(고전 2:26-31). 고린도교회에 보내는 편지에서 바울은 헌금에 대한 교훈을 하였다. 헌금의 용도는 예루살렘의 가난한 신자들을 도우기 위한 것이다. 현대 선교학 용어로 하면 피선교지교회(daughter church)가 도리어 선교지 교회(mother church)를 도와주는 것이다. 바울의 헌금은 봉사적이고 국제적이다. 모 교회라 할 수 있는 예루살렘교회가 흉년이 들 때에 안디옥교회, 고린도교회, 마게도니아교회가 헌금을 하였는데, 이것은 그야말로 개척 교회가 모 교회를 도운 것이요, 동시에 봉사적이요 국경을 넘는 것이다. 이렇게 초대 교회는 교회의 세계성(catholic)을 잘 보여주었다. 바울은 결코 선교지의 교회당 건립을 위하여 모금을 하지 않았다.

주는 헌금이 잘 사용되었는지 체크가 필요하다. 그러나 간섭한다는 인상을 주어서는 안 될 것이다. 바울은 혼자 돈을 취급하지 않고, 다른 사람들의 편에 송금하였다. 예를 들면 안디옥교회가 예루살렘교회에 헌금을 하고 송금할 때도 "바울과 바나바의 손으로 장로들에게 보내었다"(행 13:30). 즉 두 사람이 돈을 다루었고 전달은 어느 평신도나 교회에 한 것이 아니라 예루살렘교회의 지도자들인 장로들에게 전달하였다. 고린도교회에서 모금을 한 바울은 신실한 형제들을 보내면서 추천하였는데, 그 이유는 "이 거액의 연보로 인하여 아무도 우리를 훼방하지 못하게 하려함이라."(고후 8:20)라고 하였다. 바울은 결코 선교지 교회당이나 사역자를 위하여 헌금을 하지 않았다는 것이 엔더슨, 벤, 네비우스, 알렌의 강력한 지론이다. 특히 알렌은 바울의 재정 원리 3가지를 말한다. 첫째는 바울은 자신을 위하여 재정적 도움을 전혀 요청하지 않았고, 둘째는 그가 말씀을 전하고 대가로 도움을 구하지 않았으며, 셋째는 개교회를 위하여 재정을 전혀 취급하지 않았다.

어느 선교단체든지 2년 동안은 먼저 언어와 문화를 배우라고 하지만 선교사들은 가시적인 보고를 해야 한다는 강박 관념에 사로잡히기 쉽다. 그래서 언어가 어느 정도 수준에 도달하기 전, 현지인 사역자를 고용하여 교회를 개척하는 것이 한국 선교의 현실이다. 대부분 선교지는 교회 개척이 법적으로 허용되지 않는다. 현지인이 장소를 정하면 적은 공간을 돈 주고 확보하고 홍보를 한다. 홍보 내용은 교회를 시작한다는 내용이 아니라 영어, 컴퓨터, 한글 학원으로 광고한다.

서양 선교 단체들은 먼저 제자 훈련을 하여 현지인 제자들이 교회를 개척하게 하는데, 초기 단계는 자기 직장을 가지고 교회를 봉사한다. 이것이 최선의 방법이다. 아니면 현지인 큰 교회가 도우는 것이 바람직하다.

지금 일부 선교지는 자립과 자존을 독촉당하고 있다. 인도는 힌두교 원리 정부가 집권하면서 재개종법을 제정하였는데 강제로 개종한 경우, 돈으로 회유하여 개종한 경우, 기타 정당하지 못한 방법으로 개종을 유도한 것은 불법으로 간주되어 처벌의 대상이 된다. 이것은 인도 교회와 신자들이 외국인이든 자국인이든 선교 목적을 위한 목적으로 돈을 주는 것은 다 불법이 된다. 베트남의 개신교회는 다 가난하다. 만약 이 교회를 위하여 외부에서 돈을 주는 것은 도리어 그 교회를 어렵게 하는 것이다. 외부의 돈은 미국이나 서양의 간첩으로 억지로 올가미를 씌운다. 베트남 교회는 자립하지 않을 수 없는 상황이다.

　일부 아시아 국가 정부들은 현지화를 강하게 촉구하고 있다. 현지인에 의한 현지 교회를 하라는 정책을 채택과 나름대로 교회 설립의 기준을 제시한다. 2년 전 러시아 정부는 건물과 신자가 기준에 도달하고 수준 있는 신학교에서 공부한 목회자가 있을 경우 교회를 허락한다는 정책이다. 이 정책을 이상하게도 중국이나 중앙아시아 국가에서는 동남아시아 나라들도 이 정책을 따르는 것 같다.

　물질 선교의 문제점에 대하여는 한국에서 일한 소열도 선교사만큼 우리에게 생생한 교훈을 주는 자도 없을 것이다. 그는 한국교회에서 미국 선교사들이 체험한 경험담을 성경적 관점에서 예리하게 분석한다. 그에 의하면 먼저 자립 원리를 무시하고 돈을 사용할 때 야기되는 문제점으로, 첫째는 원주민 교회에서 반 선교사 감정은 사용하는 돈 액수에 비례한다. 둘째는 기금의 출처가 권위를 결정한다. 즉 돈이 있는 곳에 결정권과 권위가 주어진다는 것이다.

2) 후원의 모범적인 사례

　돈을 받는 것보다 주는 것이 더 어렵다. 그런데 여기에 대하여 좋은 모델이 있다. 캄보디아 감리교 신학교와 감리교단이 모델이 될 수 있다. 감리교 송진섭 선교사는 선교 초기 구라파와 싱가포르 감리교 선교사들과 연합하여 하나의 감리교회와 신학교를 세웠다. 그리고 사역자 생활비는 선교사가 일대일로 주지 않고 교단을 만든 다음, 교단 본부에 주고 본부의 현지인 지도자들이 주도적으로 필요한 사역자들에게 배분하다.

액수는 많지 않다. 수년 전 최하 70불이었다. 대신 식구에 따라 조정한다. 이 시스템에 대하여 한국 감리교 선교사들은 좀 못마땅해 한다. 이유는 자기가 직접 거느릴 현지인 사역자가 없다는 것이다. 선교사가 개인적으로 돈을 주지 않으니 컨트롤 할 현지인 사역자가 없는 것이다. 돈을 직접 주게 되면 불가피하게 주종관계가 형성되고 만다. 첫째, 사역자들은 마치 고용된 노동자로 생각하고 새해가 되면 '월급 인상'을 요구한다. 반면 감리교 사역자들은 모든 요구도 자기들 지도자들에게 할 수 밖에 없다.

이 모델은 실제로 한국교회가 수십 년 전 이미 실천한 적이 있다. 1960년대 장로교 통합측은 미국 선교사들과 대등한 파트너십을 요구하면서, 선교사를 선교 동역자로 호칭하고 모든 후원비는 개인적으로 주는 것을 금지하고 선교부에 주도록 하였다. 이것은 불가피하게 개인 선교사의 힘과 권위를 약화시킬 수밖에 없지만, 이것이 선교의 정석이다. 세례 요한의 "그는 흥하여야 하겠고 나는 쇠하여야 하리라."(요 3:30)라는 원리는 선교에도 적용된다. 현지 교회는 흥해야 하고 선교는 쇠해야 하는 것이다.

3) 가정 교회 모델 : 초대 교회는 가정 교회이다

선교지 상황은 건물가진 교회보다 가정 교회가 이상적이다. 이유는 종교 박해가 심하여 교회당을 파괴하려는 자들이 갈수록 늘어나고 있다. 동시에 도시화로 인하여 가난한 교회가 도시에서 건물을 짓는다는 것은 불가능하다. 많은 선교지에서 가정교회가 급속도로 증가하고 있다. 학자들에 의하면 2세기 후반까지만 하여도 초대 교회에는 교회당 건물은 보기 드물고 대신 가정 교회가 주류를 이루었다고 한다. 바울은 최대한 기존시설을 활용하여 교회를 설립하였다.

신약의 교회는 가정에서 모였다. 신약에 가정 교회라는 말이 4번 등장한다. 에베소의 아굴라와 브리스길라의 집의 교회, 골로새 빌레몬의 집에서 모인 교회, 라오디게의 눔바 집에서 모인 교회이다. 신약의 가정 교회에 대한 성경 본문은: 고전 16:19, 롬 16:5, 몬 2, 골 4:15.

신약 학자들은 바울은 가정 집 외에 회당이나 개방된 뜰(atrium)에서 가르치고 설교하는 장소로 이용하였다고 주장한다. 바울은 회당을 많이 이용하였지만 개방된 뜰은 유대인의 공간이 아닌, 로마식 건물이거나 집이다. 바울 서신에서 집회 장소는 반드시 가난한 가정에서 모였다는 것은 아니라고 해석한다. 교육받은 상류층 사람의 집도 교회로 이용된 것으로 해석한다. 바울은 결코 교육이 약한 사람들을 선생으로 임명할 수 없었을 것이라고 주장한다. 초대 교회 교사들은 예수님의 전통의 잘 따랐다.[5]

4) 바람직한 교회당 지원

현 선교지 상황은 한국교회가 교회당 지어주는 것을 전혀 안 할 수 없는 현실이 되었다. 그러나 한국교회의 귀한 돈이 창고로 변모하는 모습은 비극이다. 필자는 한국 선교사가 세워준 작은 교회당이 창고로 변한 것을 보고 통탄을 금치 못하였다. 불과 4, 5년 만에 문을 닫은 것처럼 보였다. 집은 한달만 비어도 창고로 변한다. 교회당 신축을 지원할 때 고려해야 될 상황은 다음과 같다.

첫째, 교회가 그룹이나 교단에 속하였는지를 체크해야 한다. 한국 선교사들이 시작한 캄보디아 장로교회 소속 교회는 비교적 안전하다.

둘째, 개교회가 교단 소속은 없더라도 헌신적인 사역자와 성인 세례 교인이 적어도 20명 이상 되어 제직회나 위원회가 있을 경우는 그 교회는 문 닫을 위험이 적다. 교회를 지키는 헌신적인 성도들이 반드시 있다. 이럴 경우도 가급적이면 재정은 공동 부담으로 하고, 공동 부담이 될 때까지 기다리는 것도 바람직하다. 선교지에서 선교도 팀웍이 되어서 선교사들이 서로의논해서 이러한 일이 결정되면 좋을 텐데, 대부분 우리 선교는 '개인플레이이다.'

5) 선교지의 급선무 : 지도자 양성

선교사는 좋은 현지인 파트너를 확보하는 것이 가장 중요하다. 선교사 혼자 할 수 있는 것은 없다는 자세로 일해야 한다. 바울은 디모데, 디도 같은 훌륭한 동역자를 두었다. 디도를 파트너와 동역자(fellow worker)라고 하였다. "디도로 말하면 나의 동료요 너희를 위한 나의 동역자요 우리 형제들로 말하면 여러 교회의 사자들이요 그리스도의 영광이니라."(고후 8:23). 본문에 사자란 영어 번역은 대표자들이다. 선교의 우선 순위는 건물보다 사람이다. 원주민 파트너와 동역자 없이 교회당 건물부터 세우는 것은 아이를 임신하기도 전에 귀저기부터 준비하는 격이다. 사도 바울은 교회를 설립한 후에 즉시 장로들을 먼저 세웠다. 바울이 말하는 교회는 결코 건물 교회가 아니라 하나님의 백성들의 모임이다. 그리고 자신이 감독자로 군림하지 아니하고 양떼를 돌보는 일을 장로들에게 맡겼다(행 14:23; 20:28-35; 딛 1:5). 자립원리는 바울이 먼저 장로를 세운 것을 근거로 지도자 양성에 역점을 둔다.

선교지에서 무슨 사역을 하든지 가장 필요한 것은 좋은 현지인을 확보하는 것이다. 현지인이 없이는 일하기가 대단히 어렵다. 특히 언어로 인하여 현지인은 필수적이다. 태국의 경우 호텔 예약이나 관공서에 가서 영어로 다 통하지 못한다. 담당자들은 현지인 가이드를 요구한다. 현지인을 먼저 훈련시키어 멋진 기술학교를 시작하여 통신부 차관을 제자로 만든 사례를 소개하겠다.

성공사례 1

캄보디아 프놈펜의 B 교수는 한국에서 전자통신 분야로 박사(Ph. D.) 학위를 받고 약간의 경험을 쌓은 후 우리 정부가 세워 준 기술대학에서 교수하면서 전자공학과 제자들 중 신앙 있는 우수한 학생들을 한국 대학에 유학시켜서 석, 박사 학위를 받도록 하였다. 제자들이 신앙인이 된 것은 물론 과외로 시간을 할애하여 전도한 것이다. 강의 시간에 전도는 절대 금물이다. 귀국 후 이들 졸업생들을 또 훈련시키어 캄보디아에서 처음으로 전자통신 기술학교를 월세 300불짜리 집에서 시작하였다. 놀랍게도 첫 학생은 캄보디아 통신부 차관이었다. 이 차관은 캄보디아의 TV와 방송을 담당하는 자였으나 기술은 문외한이라 배 교수의 학교에서 1년 반을 교육받고, 지금은 통신부 모든 공무원들은 의무적으로 이 기술학교에서 교육을 받고 있다. 그리고 정부는 이 학교가 발행한 자격증을 정부가 인정하기로 하였다. 소규모 기술학교는 지금 대단히 바쁘다. B 교수는 지금은 왕립프놈펜대학교 전자공학과 전임 교수로 활동하고 있다. 외국인으로서 이 대학교 교수되기는 하늘의 별따기이다.

성공사례 2

치앙마이에 J 여자 선교사가 세운 한국 식당이 있는데 이름이 좀 독특하다. "콩나물 집 이야기"이다. 이 식당은 직접 재배한 콩나물이 유명하여 이 이름을 붙인 것 같다. 이 식당은 주방장부터 웨이터까지 다 카렌족 젊은 신자들이다. 시작한 지 2년도 못되었지만 거의 자립할 정도로 손님이 있다. 모든 한국 음식을 한국 사람이 만든 것 못지않게 맛이 있다. 종업원들은 선교사가 학사 사역(가난한 학생들을 위한 센터)을 통하여 신앙훈련을 시키고 학교에도 보내어 대학까지 졸업시켰다. 태국에서 대학 졸업해도 좋은 직업 얻기기 어렵다. 그래서 이들 중 10여명을 선발, 한국 음식을 가르친 후 식당을 차려주고 수입은 여덟 식구가 분배하도록 하였다. 선교사는 투자는 하였으나 일절 수익금을 챙기지 않았다. 이렇게 훈련을 시키는 데는 무려 10년 이상의 세월이 걸린 셈이다.

6) 나라 중심에서 사람 중심으로 선교

세계 선교는 선교지와 피선교지 구분이 사라지고 있다. 중국 선교는 반드시 중국에 가야 한다는 것은 지나간 이야기이다. 한국에 있는 중국인 근로자가 바로 선교지이다. 2012년 터키에서 모인 중앙아시아 시니어 선교사들은 이미 디아스포라가 가장 중요한 전략이라는 결론을 내렸다. 그러나 한국교회는 한국을 선교지로 생각하고 선교사를 후원하는데 너무 인색하다. 최근 중동 사태로 리비아 등 북아프리카에서 많은 난민들이 유럽으로 모여든다.

이제 선교지 개념의 변화가 불가피하게 되었다. 인도 선교를 위하여 인도에 가야한다는 것은 현실적으로 불가능한 것은 비자가 발급이 어렵다. 한국이나 다른 동남아 국가에 있는 인도인, 중국인들이 바로 선교지이다. 디아스포라 선교가 중요한 전략이다. 그런데 아직 많은 한국교회는 한국이 선교지라는 것을 인정하지 않는 경향이 있다고, 한국에서 외국인 근로자를 대상으로 사역하는 목회자들이 호소이다. 중국을 떠난 선교사가 한국에 있는 많은 중국인 대상으로 선교하려고 하는데 후원 교회가 협조하지 않는다고 안타까워한다. 최근 중동 사태로 리비아 등 북아프리카에서 많은 난민들이 유럽으로 모여들고 있는데, 이들을 대상으로 선교하는 자들이 많다.

7) 선교지 교회와 파트너십

선교는 선교지 교회를 설립하고 도우는 일이다. 선교지 교회의 설립 주체자는 선교지 교회이다. 기존 교회를 무시한 선교는 결코 바람직한 선교가 못된다. WCC 에큐메니칼 운동은 파송 교회와 선교지 교회의 상호관계를 에큐메니칼 선교로 간주하고 교회 상호간의 관계가 없는 선교는 부정한다. 한국의 보수 교회들은 세계적인 연합기구에 가입하지 않아서 선교지에서도 교회 대 교회의 관계를 수립하지 못하는 실정이다. 이로 인하여 선교사들은 선교지 교회의 보호와 지도를 받지 못한다. 선교란 궁극적으로 선교 교회가 성장하도록 도우는 것이다. 선교사들은 고난당하는 교회를 도와야하는데, 도리어 선교지의 기존 교회를 무시한다는 비난을 현지교회로부터 받는데, 이것은 시정되어야 할 사항이다.

선교지에서 한국 선교사가 현지 교회를 위하여 선교한 좋은 케이스는 미얀마의 장로교 출신의 K 선교사는 단독으로 신학교를 시작한 후에 그 학교를 미얀마 교회 지도자들에게 인계하였다. 지금 그 학교는 미얀마에서 복음주의 신학교 중 가장 큰 신학교로 발전하여 목회학 석사와 신학 석사 학위를 ATA이름으로 수여하는데 미얀마 많은 교단들이 학생들을 보낸다. 이 학교 이름은 미얀마복음주의 신학교로, 영어로만 강의하는데, 순복음교회 출신의 K 선교사도 이 학교 건물과 운영을 위하여 많은 지원을 하였다.

교회 대 교회간의 협력 모델은 일본 개혁파교회(Christian Reformed Churches in Japan)와 고신교단과의 협력이다. 개혁파교회에는 목사가 없는 교회가 많아서 고신 선교사들이 개혁파 신학교에서 공부한 후에 일본 교회를 담임하고 있다. 선교지 상황은 선교사들 간의 연합을 강요 당하고 있다.

8) 학교 설립을 통한 선교

많은 선교사들은 작은 학교로 선교를 시작하는 경우가 많다. 가난한 사람들은 초등학교도 못 보내며, 많은 부모들은 자식들 교육시키기 보다는 돈 벌이로 내 몬다. 그래서 선교사들이 가난한 동네 아이들을 위하여 유치원부터 미니 초등학교까지 하지 않을 수 없다. 여기는 재정이 필수적인데 선교지에서 돈이 나올 때는 전무하다. 한국의 후원교회나 단체, 신자의 지원이 반드시 따라야 한다. 하지만 정부 인정을 받은 학교에서 전도는 할 수 없다. 전도는 개인적으로 과외활동이 되어야 한다.

한국 선교사가 세운 학교 중 현지 국가에서 인정받는 학교가 있다. 캄보디아의 정 선교사가 세운 호산나학교는 교육부의 높은 인정을 받았다. 2014년 초 캄보디아 교육부 장관이 교장들 모임에서 공개적으로 호산나학교를 배우라고 하였다. 예체능 교육이 전무한 동남아에서 한국 선교사들의 학교는 예체능 교육에서도 단연 우수하다. 그러나 기독교 교육에 가장 중요한 것은 기독교 진리와 신앙을 가르칠 수 있는 현지인 교사 확보가 가장 어려운 일이다. 좋은 선생 없는 기독교 교육은 불가능하다.

9) 평신도 선교시대

91년 한국세계선교협의회(KWMA) 첫 대회 성명서는 "우리는 평신도 사역의 중요함을 인식하며 평신도가 적절한 훈련을 통해 전인적 선교에 참여할 것을 격려한다."라고 하였다. 사도행전의 초대 교회는 훈련도, 안수도 받지 않은 평신도들이 핍박 중에서 흩어져 시리아에까지 가서 교회를 세웠다. 모라비안 선교운동은 대부분 평신도 선교사였다. 19세기 자립선교 이론은 평신도의 중요성과 가치를 발견하였다. 앤더슨, 벤, 네비우스는 평신도 신학의 선구자들이다. 진보적 선교학 핸드릭 크래머는 그의 저서 평신도 신학에서 교회의 주역은 평신도라는 것을 강조하면서 칼빈도 평신도라고 주장하였다. 복음주의는 전적으로 동의하지 않지만 독일에서 발전된 하나님의 선교(missio Dei)는 모든 평신도들이 선교사라는 것을 강조한다. 말틴 루터의 종교개혁은 성직자와 평신도라는 가톨릭식의 이분법을 깨트리고 베드로전서 2장 9절과 10절에 근거하여 만인제사장 원리를 외쳤다.

세계 선교는 평신도 선교사가 날로 증가되어 전체의 30%이상을 기록하고 있다. 한국교회도 최근 평신도 선교사들이 날로 많아지는데, 이것은 바람직하거니와 성경적이라고 본다. 1990년부터 한국교회는 목사 선교사에 못지않게 많은 평신도 선교사를 파송하였다. 그런데 선교지에서 평신도 선교사들이 목사 선교사들에게서 하대를 당한다고 불평하는 일이 많은 것은 유감스러운 일이다. 일부 평신도 선교사들은 목사가 되기 위하여 몇 년간 한국에 가서 공부하는 자들이 있는 반면 선교지에서 통신으로 공부하여 안수를 받는데, 이 경우 기존 목사 선교사들은 알아주지 않는 것도 현실이다. 한국교회 역사는 불행하게도 성직자와 평신도라는 이분법적 사고가 정착되었는데, 바람직하지 못한 것이다.

선교지에서 평신도도 얼마든지 교회 개척을 할 수 있다. 목사라고 혼자서 개척하고 목회하는 것은 쉽지 않다. 캄보디아의 E 장로는 한 지역에 500여개의 소그룹 교회를 개척하였다. 거기에는 지역 사회를 위한 개발에 기여한 것이 도움이 되었다. 소그룹들은 대부분 가정에 버젓이 교회라는 간판을 달고 모인다. 규모는 5명에서 20명까지 다양하다. 사역자들은 한 손에는 쟁기, 한 손에는 성경이다. 평일은 자기 직업에서 일하고 주일은 설교자가 된다. 생업은 대부분 메콩 강에서 고기 잡는 일과 농사이다.

10) 실버 선교시대

우리 사회의 고령화 현상이 선교에도 반영되고 있다. 많은 신자들이 조기 은퇴하여 국내에서는 활동할 공간이 없어 선교지로 눈을 돌리어 실버 선교사들이 증가하고 있다. 선교지에서 실버들의 활동도 다양하여, 개교회에서 봉사활동에서, 의료, 미용 봉사, 한글 교육, 어린이 케어 등이다. 그러나 태국에서는 이러한 활동도 실버(은퇴) 비자로 할 때 위험이 따른다. 종교 비자가 아예 없는 나라가 많다. 있더라도 숫자가 제한되어 쉽지 않다. 태국 경우 복지법인 비자도 지금 좀 어렵지만 기존

법인단체에 자원 봉사자로 노동허가를 받아 정식으로 활동할 수 있는데, 금년에 비자 발급을 더 어렵게 하여 일단 3개월씩 주고 있다. 복지법인의 사역은 가난한자 구제, 장학사업, 교육(학교를 할 수 있는 것은 아님)을 하도록 되어 있는데, 경비가 필요하다. 그러나 선교사 협의회 정회원이 되는 것은 실버들에게는 좀 어렵게 되어있다. 선교사 협의회에서는 전적 후원과 파송단체에서 파송 받지 않고 개교회에서 선교사로 파송하는 실버나 평신도는 선교사 회원으로 받지 않기로 하고 있다. 바람직한 것은 장로, 집사, 평신도로서도 얼마든지 역량과 상황에 따라 선교 할 수 있다. 개인적으로 활동을 할지라도 그 나라의 최소한 생존 언어는 마스터해야 한다. 언어와 어느 정도 성경 지식이 있으면 얼마든지 소수의 현지인을 제자로 만들 수 있다.

11) 비즈니스 선교

지금 선교사들이 선교지에서 비즈니스를 하고 있는데, 업종은 카페나 식당, 공장 경영까지 아주 다양하다. 서구 선교 학자들이 제안한 자비량 선교가 한국에서는 비즈니스 선교로 발전한 것 같다. 비즈니스 선교를 이론적으로 훈련시키는 선교 단체도 몇 개나 될 정도이다. 그 중에 '뱀' 선교회(business as mission)가 잘 알려진 것 같다. 비즈니스 선교는 후원자 없이도 선교지에서 비즈니스를 통하여 선교비도 조달하는 자비량 선교를 목표로 한다. 중국이나 동남아에서는 서양 선교사들은 영어 교사로 월급을 받는다. 그런데 한국 선교사들 중에는 비즈니스에서 돈을 벌거나 월급을 받는 경우는 아주 드물고 도리어 주면서 일한다.

캄보디아에서 젊은 K 선교사는 캄보디아 농촌의 미래를 위하여 "자립

지속이 가능한 생태론적 경제와 교육을 통한 공동체 선교"를 하고 있다. 그는 시골 지역에 농촌 공동체를 만들어 농촌 지도자들 양성하며 특수 농작물도 생산하여 지역사회로부터 인정을 받고 있다. 이 분야는 전문성을 요구하는 선교이다.

12) 기타 다양한 선교 활동

많은 선교사들은 위에 언급하지 못한 다양한 분야에서 활동하고 있다. 한국이 스포츠 강국이 되면서 스포츠에 특기를 가진 크리스천 선수들, 축구, 탁구, 태권도 유단자들이 스포츠 센터를 세우거나 국가 코치로 활동하는 자들이 많다.

고아원을 운영하는 선교사들도 많은데, 필수적인 것은 자금과 아이들을 돌보고 가르칠 수 있는 현지인 전도사나 사역자이다. 지금 어느 나라든지 전쟁고아는 없고 결손 가정 아이들이 너무 많아서 이들을 부모를 대신하여 돌보는 복지기관이 필요하다. 그러나 현지인 사역자가 자기 동네 혹은 친척 중심의 아이들을 데려와서 선교사 원장과 갈등이 생기면 모두 데리고 다른 고아원으로 옮기는 일도 발생한다.

대도시에서 한국 선교사들이 비교적 많이 하는 사역은 학사 사역 혹은 기숙사(태국은 "호팍") 사역이다. 대부분 대학들은 대도시에 집중되어 있는데, 시골이나 지방에서 온 학생들은 기숙사가 없어 어려움을 겪는다. 많은 선교사들은 작은 집을 임대하여 학생들에게 무료로 숙소를 제공하고 대신 성경공부에 참여하는 것을 조건으로 제시한다.

결론

결론적으로 아시아에서 한국 선교사는 수적인 우위이다. 그만큼 책임도 크다. 한국 선교에 대한 평가는 이미 대체로 부정적으로 나타나고 있다. 선교지 문은 갈수록 좁혀지고 있다. 이러한 상황에서도 성경의 선교 원리와 전략으로 돌아가야 한다. 과거 서구 선교가 잘 한 것을 배워야 한다. 한국 선교는 개척자들이 아니다. 서양 선교들이 아니라 그들이 닦은 터 위에서 일하고 있다.

선교의 원리, 목적, 이념이 분명해야 한다. 선교는 선교사를 위한 것도 한국교회를 위한 것도 아닌, 선교지 교회를 위한 것이다. 선교지의 수요를 채우는 선교가 되어야 하는데, 한국 선교사와 교회가 요구하는 것을 충족시키는 일이 허다하다. 한국교회 성장이 둔화되고 약화되는 상황에서 돈 선교 건물 지어주는 선교, 프로젝트 선교는 지양되어야 한다. 선교지에 영적 집을 짓고 헌신적인 지도자를 세우는 것이 선교의 최상 목표이다.

주(註)

제1장

1) 古屋安雄, 大木英未,「日本の神學」(ヨルダン社, 1993), 278-282.

2) Samuel H. Moffett, *A History of Christianity in Asia*, Vol. 1(Maryknoll: Orbis Books, 2003), 507.

3) R·パール, 佐騰 任,『佛教メソポタミア起源說』(東方出版, 1995), 2-3.

4) Lemuel Call Barnes, *Two Thousand Years of Missions Before Carey* (Chicago: The Christian Culture Press, 1900), 87-88.

5) Bertil Lintner, *The Rise and Fall of the Communist Party of Burma* (CPM) (New York: South East Asia Program, 1990), 4-7.

6) Jonathan J. Bonk, *Missions and Money*(Maryknoll: Prbos Books, 2006), 26-27.

7) Gustav Warneck, "Der Krieg in Korea," *Allgemeine Missionzeitshrift* (1895).

8) Robert E. Speer, *Missions and Politics in Asia.* (New York: Flemming H. Revell, 1899)을 참조할 것.

9) Samuel H. Moffett, 503.

10) A. A. Yewangoe, *Theologia Crucis in Asia: Asian Christian Vierws on Suffering in the Face of Overwhelming Poverty and Multifaceted Religiosity in Asia*(Amsterdam : Rodopi, 1987)을 참조할 것.

11) J. S. Furnivall, *Christianity and Buddhism in Burma* (Rangoon: People's Literature Committee and House, 1929), 2-3.

12) 아얀 프레스콧, "동아시아의 복잡한 영적 모자이크," 윌리암 테일러,『21세기 글로반 선교학』, 732.

13) Kelly M. Hilderbrand, "What led Thai Buddhist background believers to become Christian: A study of one church in Bangkok," *Missiology: An International Review* 44:4(2016) : 404-405.

14) NHK 放送文化研究所,『現代 日本人 意識構造』, 第六版(日本放送出判協會, 2004), 135-39.

15) 小室直樹,『日本國民に告ぐ』(ワック株式會社, 2005), 189-207.

제2장

1) Williston Walker, *A History of the Christian Church* (New York: Charles Scribner's Son, 1959), 57.

2) Edward Gibbon, *The Decline and Fall of the Roman Empire, 28 Selected chapters*(Herfortshire: Wordworth Classics, 1989), 244-90.

3) 渡辺信夫,『アジア伝道史』(いのちのことば社, 1996), 37.

4) John England, et al, eds., *Asian Christian Theologies: A Research Guide to Authors, Movements, Sources*(Dehli: ISPCK, 2003), Vol.1-3 을 참조할 것.

5) K. M. George, *Christianity in India Through the Centuries* (Tirvandrum, Kerala: Authentic Books, 2007), 200-203.

6) 뵤셉 드수자, "힌두교를 국교로 삼으려는 도전에 직면한 인도 교회와 선교" 윌리암 테일러 편집,『21세기 글로벌 선교학』, 김동화, 외 역 (서울: 기독교문서선교회, 2004), 678.

7) 이 주제에 대하여는 L. W. Brown, *The Indian Christians of St. Thomas: An Account of the Ancient Syrian Church in Malabar*(Cambridge: Cambridge University Press, 1956), 174ff이하 참조할 것.

8) 허대전, 98.

9) Eckhard J. Schnabel, *Early Christian Missionary: Paul & The Early Church*, Vol 2 (Downers Grove: InterVarsity, 2004), 1032-37.

10) 허대전, 59

11) "Christianity in Pre-Islamic Persia: Literacy sources," www.Iranican- online.org/articles/christinity-1. January 31, 2018.

12) 오윤태, 218-19.

13) Kenneth Latourette, *A History of Christian Missions in China*(New York: Russell and Russell, 1929), 51-61.

14) Moffett, 435.

15) Samuel H. Moffett, 412-14.

16) Samuel A. Moffet,『아시아 기독교회사』, 김인수 역(서울: 장로회신학대학교 출판부, 1996), 622.

17) 江上波夫,『モンユル帝国とキリスト教』サン·バウロ, 2000. 본서 후반부는

영어임 Namio Egami, *The Mongol Empire and Christendom*를 참조할 것.

18) William Rubruck, "The Journey of William Rubruck," Christopher Dawson, ed., *The Mission to Asia*(London: Sheed and Wood, 1955), 89-220을 참조할 것.

19) 허대전, 13.

20) K. P. Kesava Menon, Christianity in India(Alleppey, India: Prakasam, 1972), 7. Moffet 501에서 재인용.

21) Lewis R. Scudder III, *The Arabian Missionary's Story: In Search of Abrahma's Other Son*(Grand Rapids: Eerdmans, 1998), 27.

제3장

1) William Brown, *The History of Missions of the Propagation of Christianity among the Heathen*(Philadephia: B. Coles, 1816).

2) Henry Venn, *The Missionary Life and Labours of Francis Xavier*(London: Church Missionary Society Literature, 1862), 258ff.

3) A. C. Thompson, *Protestant Missions: Their Rise and Early Progress*(New Caxton Press, 1894), 20.

4) 16세기 캄보디아와 라오스에서 가톨릭 선교에 대하여는 Carol Karsten, *Strange Events in the Kingdom of Cambodia and Laos*(London: Phoenix, 2001)을 참조할 것.

5) Warneck, Gustav. *Outline of a History of Protestant Missions from the Reformation to the Present Time.* New York: Revell, 1902.

6) Von Walter Hoslten, "Reformation und Mission," *Archiv fur Reformationgeschichte* 44 (1953): 9.

7) John Calvin, "De Necessitate Reformandie Ecclesiae," *Joannis Calvini, Magni Theologi*(Amstelodami: 1667): 39.

8) William Brown, *The History of Missions of the Propagation of Christianity among the Heathen*(Philadephia: B. Coles, 1816), 155-254.

9) William Brown, 18-19.

10) Church Missionary Society, *The Missionary Register for M DCCC XVIII* (London: L.B. Seely, 1818).

제4장

1) M. K. Kuriakose(compiled), *History of Christianity in India: Source Materials*(Madras: The Christian Literature society, 1982), 72.

2) William Bair & Bruce Hunt, *The Korean Pentecost* (Edinburgh: Banner of Truth, 1977), 16.

3) James S. Dennis, *Christian Missions and Social Progress*(New York: Fleming Revell, 1899) 전체 3권을 참고할 것.

4) 中村 敏 『日本における福音派の歷史』「いのちのことば社, 2001」 28-32.

5) 小野靜雄, 『日本プロテスタント傳道史師』,「日本基督敎改革派敎會, 1989」 8-10.

6) Eric S. Fife and Arthur F. Glasser, *Missions in Crisis : Rethinking Missionary Strategy*(Chicago: Inter-Varsity Press, 1961),55.

7) Elizabeth Underwood, *Challenged Identities: North American Missionaries in Korea*, 1884-1934(Seoul: Royal Asiatic Society, 2003). 66-67.

8) Andrew F. Walls, "The American Dimension in the History of the Missionary Movement," in Earthen Vessels: American Evangelicals and Foreign Missions, 1880-1980, eds. Joel A. Carpenter and Wilbert R. Shenk (Grand Rapids: Eerdmans, 1990), 3-4.

9) Michael A. Laird, The Legacy of Alexander Duff," *Occasional Bulletin of International Mission*, 3: 4(October 1979): 148.

10) Alex G. Smith, *Siamese Gold* (Bangkok: OMF Pub., 1981), 35

11) K. P. Yohannan, *The Coming Revolution in World Missions* (Altamont Spring, FL: Strang Communication, 1989), 113-18.

제5장

1) Robert Bernard Dann, "The Legacy of Anthony Norris Glover," *International Bulletin of Missionary Research*, 29: 4(October, 2005): 198-202.

2) Thomas Schirrmacher, "Rufus Adnerson und die Selbstandigkeitder einheimischen Kirchen," *Evangelikale Missiologie*, 2/1990, 21.

3) Peter Beyerhaus, *Die Selbstandigkeit der junges Kirches alsmission-arisches Problem*(Wuppertal-Barmen : Verlag der Rheinishcen Miks- sions-Gesellschaft, 1959), 49-50.

4) Clifton J. Phillips, *Protestant America and the Pagan World: The First Half Century of the American Board of Commissioners for Foreign Missions*(1810-1860), (Cambridge East Asian Research Center, Havard Universtiy, 1969), 53.

5) R. P. Beaver, *To Advance the Gospel*(Grand Rapids: Eerdmans, 1967), 73-74.

6) Rufus Anderson, "The Time for the World's Conversion Comes," *To Advance the Gospel*, 67.

7) E. A. Ayandele, *The Missionary Impact on Modern Nigeria* 1842-1914: *Political and Social Analysis*(London: Longman Group Ltd., 1971), 183.

8) J. Verkuyl, *Contemporary Missiology: An Introduction* (Grand Rapids: Eerdmans, 1978), 64.

9) Beaver, *To Advance the Gospel*, 17.

10) Charles Hodge, "A Plea for Voluntary Society and a Defence of the Decisions of the General Assembly of 1836 against the Structures of the Princeton Reviewrs and Others," *The Biblical Repertory and Princeton Review*, IX (1837), 102.

11) Maung Shwe, *Burma Baptist Chronicle*(Rangoon: Burma Baptist Convention, 1963), 12-15.

제6장

1) 近藤勝彦 傳道の 神學 : 21世紀キリスト教傳道ために』(敎文館, 2002), 24-25.

2) John R. Davies, *Poles Apart: Contextualizing the Gospel in Asia* (Bangalore: Theological Book Trust, 1998), 247-249.

제7장

1)http://www.theguardian.com/world/2002/jun04/religion.booknews.

2) John England, et al, eds., *Asian Christian Theologies: A Research*

Guide to Authors, Movements, Sources(Dehli: ISPCK, 2003), Vol.1-3
을 참조할 것.

3) "What China wants?, *The Economist*, August 23rd-28th, August, 2014: 9.

4) Ooi Keat and Volker Grabowsky, eds., *Ethnic and Religious Identities and Integration in Southeast Asia*(Chiang Mai: Silkworm Books, 2017), 301.

5) 杉本良男,「東南アシアのと宗敎・ナショナリズム」中野　毅, 飯田剛史、山中弘、編、『宗敎とナショナリズム』, 124-144.

6) 中野 毅、「宗敎. 民族. ナショナリズム」中野 毅, 飯田 剛史、山中　弘、編、『宗敎とナショナリズム』(世界思想史、１９９７)、４-５。.

7) Edward Gibbon, *The Decline and Fall of the Roman Empire* (Herfordshire, UK : Wordsworth Classic of World Literateture, 1998), 266.

제8장

1) 한국세계선교협의회 편저,『한국교회 선교의 비전과 협력』(서울: 도서풀판 횃불, 1992), 16-17.

2) C. Darby Fulton. *Star in the Eas* (Richmond: Presbyterian Committee of Publication, 1938). 175-181.

3) Robert E. Speer, *Missions and Politics in Asia*(New York: Flemming H. Revell, 1899), 219쪽에서 279쪽까지 당시 한국의 정치 상황과 기독교 선교를 길게 소개한다.

4) Kenneth S. Latourette, *A History of the Expansion of Christianity*, vol. 7(Grand Rapids: Zondervan, 1976), 404.

5) Eckhard J. Schnabel, *Early Christian Mission : Paul & the Early Church*, Vol. 2(Donovers Groves : InterVarsity, 2004), 1459.

참고 문헌

Barnes, Lemuel Call. *Two Thousand Years of Missions Before Carey.* Chicago: The Christian Culture Press, 1900.

Beaver, R. P. *To Advance the Gospel.* Grand Rapids: Eerdmans, 1967.

Berg, Johannes van den. *Constrained by Jesus' Love Kampen:* Kok, 1956.

Beyerhaus, Peter. *Die Selbständigkeit der junges Kirches als missionarisches Problem.* Wuppertal Barmen: vorlag der Rheinischen Mikssions-Gesellschai 1959.

Bonk, onathan J. *Missions and Money* (Maryknoll: Prbos Books, 2006.

Brown, A. J. *One Fiundred Years.* New York: Fleming H. Revell, 1936.

Brown, L. W. *The Indian Christians of St. Thomas: An Account of the Ancient Syrian Church in Malabar,* Cambridge: Cambridge University Press, 1956.

Brown, William, *The History of Missions of the Propagation of Christianity among Heathen.* Philadephia: B.Coles, 1816.

Calvin, John. "De Necessitate Reformandie Ecclesiae," *Joannis Calvini, Magni Theologi.* Amstelodami, 1667.

Church Missionary Society, *The Missionary Register for M DCCC XVIII* (London: L.B. Seely, 1818).

Dann, Robert Bernard *"The Legacy of Anthony Norris Glover,"* International Bulletin of Missionary Research, 29: 4, October 2005.

Davies, John R. *Poles Apart: Contextualizing the Gospel in Asia.*

Bangalore: Theological Book Trust, 1998.

Dennis, James S. *Christian Missions and Social Progress.* New York: Fleming Revell, 1899.

England, John. et al, eds., *Asian Christian Theologies: A Research Guide to Authors, Movements, Sources.* Dehli: ISPCK, 2003.

Fife, Eric. S. and Arthur F. Glasser, *Missions in Crisis : Rethinking Missionary Strategy*, Chicago: Inter-Varsity Press, 1961.

Fulton, C. Darby. *Star in the East.* Richmond Presbyterian Committee of Publication, 1938.

Furnivall, J. S. *Christianity and Buddhism in Burma.* Rangoon: People's Literature Committee and House, 1929.

Gale, James S. *Korea in Transition.* New York: Young People's Missionary Movement of the United States and Canada, 1909.

Gensichen, Hans-Werner und Rzepkowski, Horst, *Missions Theologie.* Frankfurt: Dietrich Reimer Verlag, 1985.

Gibbon, Edward. *The Decline and Fall of the Roman Empire.* Herfordshire, UK: Worth Classic of World Literateure, 1998.

George, K. M. *Christianity in India Through the Centuries* Tirvandrum, Kerala: Authentic Books, 2007.

Karsten, Carol. *Strange Events in the Kingdom of Cambodia and Laos.* London: Phoenix, 2001.

Knight, William. *The Missionary Secretariat of Henry Venn, B. D.,* London: Longman, Green and Co., 1880.

Kraemer, Hendrik. *The Christian Message in A non-Christian World.* Grand Rapdis: Baker Book House, 1976.

Kuriakose, M. K. (compiled), *History of Christianity in India: Source Materials.* Madras:The Christian Literature society, 1982.

Laird, Michael A. The Legacy of Alexander Duff," *Occasional Bulletin of International Mission,* 3: 4, October 1979.

Latourette, K. S., *A History of the Expansion of Christianity: The Great Century in Europe and the United States of America.* Grand Rapids: Zondervan Pub., 1976.

Latourette, Kenneth. *A History of Christian Missions in China.* New York: Russell and Russell, 1929.

Lewis R. Scudder III, *The Arabian Missionary's Story: In Search of Abrahma's Other Son.* Grand Rapids: Eerdmans, 1998.

Lintner, Bertil. *The Rise and Fall of the Communist Party of Burma*(CPM). New ork: South East Asia Program, 1990.

Maung Shwe, *Burma Baptist Chronicle,* Rangoon: Burma Baptist Convention, 1963.

Menon, Kesava K. P. *Christianity in India.* Alleppey. India: Prakasam, 1972.

Moffett, Samuel H. *A History of Christianity in Asia,* Vol.1. Maryknoll: Orbis Books, 2003.

Ooi Keat and Volker Grabowsky, eds., *Ethnic and Religious Identities and Integration in Southeast Asia.* Chiang Mai: Silkworm Books, 2017.

Palmer, Spencer J., *Korea and Christianity.* Seoul: Hollym Corporation, 1967.

Phillips, Clifton J. *Protestant America and the Pagan World: The First Half Century of the American Board of Commissioners for Foreign Missions (1810-1860).* Cambridge: East Asian Research Center, Havard University, 1969.

Robert, Dana L. "'The Crisis of Missions' : Premillennial Mission Theory and the Origins of Independent Evangelical Missions," in *Earthen essels: American Evangelicals and Foreign Missions, 1880-1980*, ds. Joel A. Carpenter and Wilbeert R. Shenk. Grand Rapids: Williams, 1990.

Rowo, Henry K., *History of Andover Theological Seminary.* Newton: Andover Theological Seminary, 1933.

Rubruck, William "*The Journey of William Rubruck,*" Christopher Dawson, ed., *The Mission to Asia.* London: Sheed and Wood, 1955.

Schnabel, Eckhard J. *Early Christian Mission : Paul & the Early Church,* Vol.2. Donovers Groves : InterVarsity, 2004.

Speer, Robert E. *Missions and Politics in Asia.* New York: Flemming H. Revell, 1899.

Thompson, A. C. *Protestant Missions: Their Rise and Early Progress.* New Caxton Press, 1894.

Venn, Henry. *The Missionary Life and Labours of Francis Xavier.* London: Church Missionary Society Literature, 1862.

Verkuyl, J. *Contemporary Missiology: An Introduction.* Grand Rapids: Eerdmans, 1978.

Walker, Williston. *A History of the Christian Church.* New York: Charles Scribner's Son, 1959.

Walls, Andrew F. "The American Dimension in the History of the issionary Movement," in Earthen Vessels: American Evangelicals and Foreign Missions, 1880-1980, eds. Joel A. Carpenter and Wilbert R. Shenk. Grand Rapids: Eerdmans, 1990.

Warneck, Gustav. *Outline of a History of Protestant Missions from the Reformation to the Present Time.* New York: Revell, 1902.

Warren, Max. *To Apply the Gospel: Selections from the Writings of Henry. Venn*. Grand Rapids: Eerdmans, 1971.

William Bair & Bruce Hunt, *The Korean Pentecost*. Edinburgh: Banner of Truth, 1977.

William Brown. *The History of Missions of the Propagation of Christianity among the Heathen*. Philadephia: B.Coles, 1816.

Yewangoe, A. A. *Theologia Crucis in Asia: Asian Christian Vierws on Suffering in the Face of Overwhelming Poverty and Multifaceted Religiosity in Asia*. Amsterdam : Rodopi, 1987.

논문

Rufus Anderson, "The Time for the World's Conversion Comes," *To Advance the Gospel*. Grand Rapids: Eerdmans, 1967.

Hilderbrand, Kelly M. "What led Thai Buddhist background believers tobecome Christian: A study of one church in Bangkok," *Missiology: An International Review* 44:4, 2016.

Hodge, Charles. "A Plea for Voluntary Society and a Defence of the Decisions of the General Assembly of 1836 against the Structures of the Princeton Reviewers and Others," *The Biblical Repertory and Princeton Review*, IX, 1837.

Hoslten, Von Walter "Reformation und Mission," *Archiv fur Reformationgeschichte* 44, 1953.

Schirrmacher, Thoa, "Rufus Adnerson und die Selbstandigkeit der einheimischen Kirchen". *Evangelikale Missiologie*, 2/1990.

Warneck, Gustav. "*Der Krieg in Korea,*" Allgemeine Missionzeitshrift,

1895.

Christianity in Pre-Islamic Persia: Literacysources,"
www.Iranicanonline.org/articles/christinity-1". January 31, 2018.

일본어

近藤勝彦 傳道の 神學 : 21世紀キリスト教傳道ために』教文館, 2002.

中村　敏 『日本における福音派の歴史』 いのちのことば社, 2001.

小野靜雄, 『日本プロテスタント傳道史師』, 日本基督教改革派教會, 1989.

渡辺信夫, 『アジア伝道史』, いのちのことば社´ １９９６.

小室直樹, 『日本國民に告ぐ』, ワック株式會社, 2005.

R・パール, 佐騰 任 『佛教メソポタミア起源説』, 東方出版, 1995.

古屋安雄, 大木英未, 『日本の神學』, ヨルダン社 , 1993.

NHK放送文化研究所, 『現代日本人 意識構造』, 第六版 日本放送出判協會, 2004,

江上波夫, 『モンコル帝国とキリスト教』, サン・バウロ, 2000.

中野 毅、「宗教. 民族 . ナショナリズム」中野 毅, 飯田 剛史、山中　弘、編、『宗教とナショナリズム』 世界思想史、１９９７.

杉本良男,「東南アジアのと宗教・ナショナリズム」中野　毅, 飯田剛史、山中　弘、編、『宗教とナショナリズム』

한국어

사무엘 마펫, 『아시아 기독교회사』, 김인수 역, 서울: 장로회신학대학교 출판부, 1996,

한국세계선교협의회 편, 『한국교회 선교의 비전과 협력』, 서울도서출판
    횃불, 1992.
허대전, 『초대 교회와 동방선교』, 홍치모 역, 서울: 바른신앙, 1991.
아얀 푸래스콧, "동아시아의 복잡한 영적 모자이크," 윌리암 테일러,
    『21세기 글로빌 선교학』, 김동화, 외 역, 서울: 기독교문서선교회,
    2002.
뵤셉 드수자, "힌두교를 국교로 삼으려는 도전에 직면한 인도 교회와 선
    교," 윌리암 테일러 편집, 『21세기 글로벌 선교학』, 김동화, 외 역,
    서울: 기독교문서선교회, 2002.

기독교 박해시대 : 한국 선교의 방향

2018년 11월 12일 초판 발행
지은이 | 전호진
발행인 | 김수곤
발행처 | 도서출판 선교횃불
　　　　전화 : (02)2203-2739
　　　　팩스 : (02)2203-2738
등록일 | 1999년 9월 21일 제 54 호
등록처 | 서울 송파구 백제고분로 27길 12(삼전동)
이메일 | ccm2you@gmail.com
홈페이지 | www.ccm2u.com

ISBN 978-89-5546-5546-412-2　03230